AF216012

Catharina Jessen (M. Ed.)

Spracherwerbsförderndes Verhalten

Wie Bezugspersonen im kindlichen Erstspracherwerb helfen können

Catharina Jessen (M. Ed.)

Spracherwerbsförderndes Verhalten

Wie Bezugspersonen im kindlichen Erstspracherwerb helfen können

Impressum

Bibliografische Information der Deutschen Nationalbibliothek:
Die Deutsche Nationalbibliothek verzeichnet diese Publikation in der Deutschen
Nationalbibliografie; detaillierte bibliografische Daten sind im Internet über
http://dnb.dnb.de abrufbar.

© 2020 Catharina Jessen

Herstellung und Verlag: BoD – Books on Demand, Norderstedt

ISBN: 978-3-7519-3817-4

Gewidmet meinen Patenkindern Johannes und Leni und allen Kindern und Bezugspersonen auf der spannenden Reise des Spracherwerbes.

„Die Grenzen meiner Sprache bedeuten die Grenzen meiner Welt. "

Ludwig Wittgenstein (1889 – 1951)

Catharina Jessen (M. Ed.),

Jahrgang 1985, beschloss nach einem freiwilligen sozialen Jahr ihren beruflichen Weg im sonderpädagogischen Bereich einzuschlagen. Nach dem Studium der Sonderpädagogik an der Universität Flensburg mit den Schwerpunkten „Pädagogik für Menschen mit Sprach- und Kommunikationsstörungen", „Pädagogik für Menschen mit geistiger und schwerer Behinderung" sowie dem Fach Germanistik schloss sie nach dem Referendariat die Ausbildung zur Sonderschullehrerin mit dem zweiten Staatsexamen ab. Danach war sie zunächst kurz als Vertretungslehrkraft und darauffolgend für sechs Jahre als selbstständige Sprachheilpädagogin tätig. Aktuell ist sie in einer Kindertagesstätte im Gruppendienst angestellt und darüber hinaus in dieser Einrichtung für den sprachheilpädagogischen Bereich verantwortlich.

Inhalt

Aus Gründen des Leseflusses und der Sprachästhetik wird jeweils lediglich eine (zumeist die männliche) Personalform verwendet. Es sollen sich jedoch alle Geschlechter stets gleichermaßen angesprochen und wertgeschätzt fühlen.

Bei den in diesem Ratgeber berücksichtigten Kindern wird in erster Linie von Kindern mit (Hoch-) deutscher Muttersprache im Erstspracherwerb im Vorschulalter und ohne offensichtliche Primärbeeinträchtigungen ausgegangen. Jedoch können auch beeinträchtigte und ältere Kinder durchaus von den Hinweisen in diesem Buch profitieren.

1.Vorwort

Liebe Bezugspersonen,

während meiner Tätigkeit als Sprachheilpädagogin habe ich
insgesamt etwa 300 Kinder in neun Kindertagesstätten im Rahmen
der vorschulischen Kleingruppenarbeit gefördert. Dabei war ich mit
der sprachheilpädagogischen Arbeit in allen sprachlichen Bereichen
und mit vielen verschiedenen Problemstellungen konfrontiert. Neben
der Zusammenarbeit mit den Fachkräften anderer pädagogischer
Berufsgruppen wurde mir dabei immer wieder die wichtige Rolle
der Bezugspersonen - wie z.B. der Eltern - außerhalb der
Kindertagesstätte deutlich. Diese Menschen bezeichne ich im
Folgenden als „primäre Bezugspersonen". Dieser Begriff soll in
einem späteren Abschnitt noch genauer erklärt und definiert werden.
Wie sich im Verlaufe dieses Buches noch zeigen wird, haben diese
Personen sehr große Einflussmöglichkeiten auf die gesamte
Entwicklung des Kindes und sind somit auch unbedingt „mit in das
Boot zu holen", um sprachliche Förderung erfolgreich umsetzen zu
können.

Während meiner Arbeit ist mir außerdem aufgefallen, dass sich viele
primäre Bezugspersonen ihres großen Einflusses durchaus bewusst
sind, sie ihn jedoch häufig nicht bewusst nutzen, um den
Spracherwerb des Kindes zu unterstützen. Ein wichtiger Aspekt ist
hier anscheinend auch, dass die Neigung eher dahingeht, dass
Unterstützung und Förderung erst bei aufgetretenen Auffälligkeiten
und Schwierigkeiten im Spracherwerb von Bedeutung sind.

Aus diesen soeben geschilderten Eindrücken entstand die Idee, im
Gegensatz zu anderer bereits vorliegender Ratgeberliteratur nach
dem Motto „Hilfe, mein Kind spricht nicht richtig" ein Buch zu
verfassen, welches den primären Bezugspersonen eines Kindes ihre

Einflussmöglichkeiten auf dessen Spracherwerb deutlich macht und ihnen Informationen und Handlungshilfen gibt, diesen Einfluss als unschätzbar wertvolle Ressource positiv zu nutzen.

Es ist ausdrücklich nicht meine Intention, Sie als Bezugsperson zu einer Art (Sprach-) therapeut auszubilden oder Ihnen Angst vor einer großen Verantwortung zu machen. Es ist vielmehr mein Ziel, primären Bezugspersonen bewusst zu machen, was sie alltäglich bereits rein intuitiv Positives zur Unterstützung besonders der sprachlichen Entwicklung des Kindes beitragen und leisten - und das ganz unbewusst. Damit ist dieses Buch ebenso nicht als Förderprogramm für bereits sprachauffällig gewordene Kinder gedacht - es geht stattdessen vom Alltag aus, in dem die Sprache einen wichtigen Platz einnimmt und soll an alle primären Bezugspersonen gerichtet sein, die sich über die sprachliche Entwicklung ihrer Kinder interessiert informieren wollen. Ihnen soll also ein gewisses, minimales und wissenschaftlich fundiertes Grundwissen zu den wichtigsten Aspekten der kindlichen Sprachentwicklung gegeben werden, welches über die ärztlichen U – Untersuchungen und den Informationsfluss in der Kindertagesstätte hinaus reicht. Dieses Wissen soll auch die dann im weiteren Verlauf des Buches folgenden Tipps zugänglicher und verständlicher machen.

Die nach Themen geordneten Tipps sind nicht als starr umzusetzende und abzuarbeitende Handlungsanweisungen zu verstehen, sondern sollten vielmehr als Ideensammlung verstanden und angesehen werden. Sie sollen aufzeigen und bewusst und erlebbar machen, was Sie bereits Positives zur Sprachentwicklung des Kindes beitragen und im nächsten Schritt zur Auswahl einiger weiterer Ideen anregen, die Sie dann künftig im Alltag ergänzend ausprobieren möchten. Im Sinne alltagsintegrierter Sprachförderung handelt es sich dabei häufig nicht um bewusst eingeplante Zeit für die Auseinandersetzung mit Sprache als eine Art Unterricht, sondern um Anregungen für die tägliche Kommunikation und den sprachlichen Umgang im Alltag mit dem Kind und gemeinsam in der Familie. Nutzen Sie diese Anregungen und wiederkehrende alltägliche Situationen zur Förderung des Spracherwerbes offen und kreativ, indem Sie wählen, welche Idee Ihnen aktuell für das Kind und Sie selbst als passend erscheint. Suchen Sie neue Ideen aus, wenn die vorherigen erfolgreich umgesetzt wurden und neue Anforderungen gefragt sind oder verwerfen und ersetzen Sie Anregungen, deren Umsetzung doch nicht gefällt oder zum aktuellen Zeitpunkt noch nicht funktioniert.

Auch wenn dieser Ratgeber bewusst primär – präventiv (auch dieser Begriff wird im Folgenden noch genauer erläutert) gedacht ist und die enthaltenen Informationen idealerweise bereits zu Beginn der sprachlichen Entwicklung - also quasi mit Geburt des Kindes - gelesen werden, bietet die Ideensammlung natürlich auch die Möglichkeit, bei Bedarf und Unsicherheiten gezielt nach Themen, Ideen oder im vorangestellten Teil nach Grundwissen nachzuschlagen, Rat zu suchen und das Buch somit als Nachschlagewerk immer wieder erneut zu nutzen.

Wichtig – besonders zu den Abschnitten mit dem ausgewählten Grundwissen – ist, dass Sie als Leser dieses Ratgebers nicht zurückschrecken sollten, wenn Sie einen Abschnitt, eine Aussage, einen Tipp oder Anderes einmal nicht verstehen oder nachvollziehen können. Die Ausführungen und Erklärungen dieses Buches sind durchaus umfangreich und oft auch tiefgreifend. Haben Sie also den Mut, für Sie unverständliche oder gefühlt nicht bedeutende Teile dieses Buches einfach auszulassen und konzentrieren Sie sich auf das, was im Moment gerade hilfreich für Sie ist. Da dieser Ratgeber wie erwähnt als Nachschlagewerk zum aktiven Gebrauch gedacht ist, ergibt sich vielleicht später das Bedürfnis, sich mit zuvor übersprungenen Teilen zu beschäftigen.

Wie bereits angeklungen ist, sollen in diesem Ratgeber bewusst keine möglichen sprachlichen Auffälligkeiten im Kindesalter und deren mögliche Folgen dargestellt und Angst davor geschürt werden. Somit enthält es keine Checklisten oder sonstiges diagnostisch geprägtes und ausgelegtes Material. Meine Absicht und mein Ziel sind, Sie in die Lage zu versetzen, bereits von Anfang an möglichst günstige Bedingungen für den Spracherwerb des Kindes zu schaffen.

Auch die günstigste Einflussnahme in diesem Bereich wird eventuell auftretende Auffälligkeiten zum Teil nicht verhindern können. Dieses ist der häufigste und in der Wissenschaft häufig hart vertretende Kritikpunkt an dieser Form der Unterstützung des Spracherwerbes. Sie kann jedoch durchaus verzögern, abmildern und eine ideale Grundlage für möglicherweise doch erforderliche sprachtherapeutische Maßnahmen schaffen und deren Verweildauer entscheidend verkürzen. Ebenfalls wird häufig angeführt, dass nahezu jeder Mensch ohne Primärbeeinträchtigung in einem gewissen Alter seine Muttersprache beherrscht, egal wie er in früher Kindheit Zuhause gefördert wurde. Ich persönlich halte beiden kritischen Argumenten entgegen, dass es niemals falsch oder unangebracht sein kann und es sich immer lohnt, sich als primäre Bezugsperson gut zu informieren und einem Kind mit bewusst positiv beeinflussendem Verhalten und förderlicher, wohlwollender Absicht gegenüberzutreten.

Ich wünsche Ihnen eine spannende und informative Lektüre des ausgewählten Grundwissens sowie viel Freude, Motivation und Erfolgserlebnisse bei der Auswahl und Umsetzung der die Sprachentwicklung fördernden Alltagstipps. Zudem viele nahegehende und schöne „Sprachmomente" mit dem / Ihrem Kind.

„Als Vater oder Mutter können Sie darauf vertrauen, dass Sie die Fähigkeiten für hilfreiches elterliches Sprachverhalten besitzen. Es hängt jedoch auch von Ihren eigenen Erfahrungen mit Sprache ab, wie gut sich Ihr elterliches Sprechverhalten entwickeln konnte." (Kügerl 2006, 86)

2.Grundwissen für Bezugspersonen

2.1 Zum Begriff der primären Bezugspersonen

Unter den im Vorwort bereits häufig erwähnten primären Bezugspersonen soll in diesem Ratgeber Folgendes verstanden werden:

Der Begriff der primären Bezugsperson (abgekürzt p. B.) ist hier im Sinne dessen zu verstehen, was in unserer Gesellschaft häufig unter Eltern und engen Familienmitgliedern verstanden wird. Die primären Bezugspersonen sind durch eine besonders enge Beziehung und emotionale Bindung zu dem Kind, welche auf Gegenseitigkeit beruht, gekennzeichnet. Es sind also dem Kind physisch und psychisch nahe Menschen. Diese Personen verbringen meist einen großen Teil an Zeit mit dem Kind und haben einen alltäglichen Erziehungsauftrag sowie eine von Kontinuität geprägte Beziehung. Juristisch betrachtet könnten hier auch die Erziehungsberechtigten eines Kindes genannt werden.

Auch heute wird die Bezeichnung der primären Bezugsperson meist zuerst an die leiblichen Eltern denken lassen. Diese sind jedoch nicht zwangsläufig auch die primären und wichtigsten Bezugspersonen eines Kindes. Diese Rolle wird häufig auch von anderen Personen eingenommen. Beispiele hierfür sind:

- ➢ Großeltern
- ➢ Pflegeeltern
- ➢ Adoptiveltern
- ➢ Der neue Partner eines leiblichen Elternteiles
- ➢ Personen aus dem weiteren familiären Umfeld

> Andere im oder außerhalb des Haushaltes lebende erwachsene Personen im Umfeld des Kindes wie z. B. Freunde der Eltern
> Erzieher in der Kindertagesstätte

Es wird also deutlich, dass Personen aus vielen verschiedenen Bereichen des kindlichen Umfeldes für ein Kind die Bedeutung einer primären Bezugsperson erlangen können. Außerdem kann es sehr unterschiedlich sein, wie viele Personen diesen Status erlangen, wobei es nicht zwangsläufig besser und förderlicher für die (sprachliche) Entwicklung des Kindes ist, möglichst viele Personen zu diesem Kreis zählen zu können. Es kommt auf die Qualität der Beziehungen an.

Fraglich ist in diesem Zusammenhang auch, ob für diese besondere Beziehung ein täglicher Kontakt zwingend erforderlich ist. Eine andere Form der Kontinuität wie zum Beispiel der wöchentliche Besuch bei der Oma gehören hier ebenfalls dazu.

KAUSCHKE führt zu dem sprachlichen Einfluss primärer Bezugspersonen an:

> *„Die förderliche Funktion eines sprachlich komplexen Inputs wurde nicht nur für die elterliche Sprechweise nachgewiesen, sondern auch dann, wenn das Angebot von nicht verwandten Personen wie Lehrern stammt"* (Kauschke 2012, 144).

Im Hinblick auf Rollen- und Genderaspekte ist auch unter Anderem an Kinder mit gleichgeschlechtlichen Paaren als Eltern und das sehr unterschiedliche Rollenverständnis z. B. von Müttern zu denken.

Die Begriffe „Mütter", „Eltern" und ähnliche Begrifflichkeiten sind in diesem Buch stets mit dem Begriff der primären Bezugspersonen gleichzusetzen.

Abschließend sei noch auf SIEGERT & RITTERFELD hingewiesen, welche im Hinblick auf die Interaktion mit dem Kind ebenfalls keinen Unterschied zwischen Müttern, Vätern und anderen primären Bezugspersonen sehen. Sie verweisen darauf, dass empirische Daten meist mit Mutter – Kind – Interaktionen erhoben werden und aus diesem Grunde in der Literatur meist nur die Mütter Erwähnung finden (vgl. Siegert & Ritterfeld 2000, 37).

2.2 Zum Begriff der primären Prävention und Salutogenese

Ein elementarer Unterschied dieses Buches im Vergleich zu anderer verfügbarer Ratgeberliteratur ist seine Ausrichtung als primär – präventiver Ansatz. Um diese Ausrichtung zu verdeutlichen, soll an dieser Stelle die Klärung und Abgrenzung der entsprechenden Begriffe vorgenommen werden.

Die genaue Begriffsklärung erscheint zudem als sehr bedeutend, da sich in diesem Ratgeber die Begriffe der primären Bezugsperson und der primären Prävention mit ihren grundverschiedenen Bedeutungen gegenüberstehen:

➢ primäre Bezugsperson = Bedeutung einer Person für ein Kind
➢ primäre Prävention = zeitliche Einordnung der Anwendung vorbeugender Maßnahmen

Der Begriff der Prävention geht auf das lateinische „praevenire" = zuvorkommen als vorab stattfindendes Handeln zurück und beinhaltet als Ziel, Risiken für das Abweichen von der Norm zu verhindern. Dabei geht es um das Verringern von Risiken und das Stärken von Ressourcen (vgl. Iven 2016, 171).

Der Schwerpunkt dieses Ratgebers liegt wie erwähnt auf der primären Prävention, zu der z.B. Vorkehrungen wie das Impfen in der Medizin gehören. Ziele primärer Prävention sind:

➢ Das Auftreten möglicher drohender Auffälligkeiten vermeiden oder weniger wahrscheinlich machen oder verzögern.

> Die Stärke der Auswirkungen von Auffälligkeiten verringern oder abmildern.

Ein wichtiges und die primäre Prävention von anderen Formen der Prävention abgrenzendes Merkmal ist, dass es zuvor zu keiner Identifikation und Zuordnung von Personen zu einer bestimmten Risikogruppe kommt, sondern flächendeckend interveniert wird, wie z. B. bei der Impfung aller Neugeborenen gegen bestimmte Krankheiten, einem Hörtest für alle Neugeborenen einer Klinik oder die für alle Kinder verbindlichen Vorsorgeuntersuchungen beim Kinderarzt.

Bezogen auf den Spracherwerb können primär – präventive Maßnahmen z. B. allgemeine Sprachfördermaßnahmen wie Eltern – Informationsabende, Fortbildungen für Erzieher, Kinderärzte und andere Fachkräfte, Beratungsangebote sowie Ratgeberliteratur wie dieses Buch sein. Diese Angebote sowie auch Aspekte der so genannten alltagsintegrierten Sprachförderung gelten als universelle und primäre Prävention. Sie soll die Bezugspersonen dazu befähigen, das Kind sprachlich so anzuregen, dass sich seine sprachliche Entwicklung optimal vollziehen und entfalten kann (vgl. Beckerle 2017, 17). Die genannten Maßnahmen sprechen dabei alle Kinder an, ohne dass wie oben erwähnt im Rahmen der Prävention z. B. durch Screenings ein mögliches Risiko für einen problematisch verlaufenden Spracherwerb festgestellt wurde. Dieses bereits erwähnte Merkmal ist maßgebend für die primäre Prävention und wird auch als proaktives Handeln bezeichnet.

Die primäre Prävention wird auch in Bezug auf den Spracherwerb durchaus kritisch gesehen und kontrovers diskutiert. Einige Argumente der Diskussion sollen an dieser Stelle aufgezeigt werden:

> Allgemeine Sprachfördermaßnahmen können das Auftreten von Sprachentwicklungsstörungen nicht verhindern, diese andererseits aber evtl. mildern und ihre Form der Auswirkungen und Folgen abschwächen. Zudem kann der Spracherwerb durch das gezielte Anleiten von Bezugspersonen begünstigt und somit gute Entwicklungs- und Gelingensbedingungen für den Spracherwerb geschaffen werden (vgl. Iven 2016, 171).

> Das nicht komplett zu verhindernde Auftreten sprachlicher Auffälligkeiten sowie die Tatsache, dass der größte Teil der Menschheit seine Muttersprache auch ohne spezielle Förderung irgendwann erlernt, sind die häufigsten Argumente gegen den Aufwand und Einsatz primärer Prävention im Bereich des Spracherwerbes.

> Betrachtet man den Hintergrund der hohen Bedeutung von Sprache für den Menschen in seinem Lebens- und Bildungsprozess, wird der hohe Stellenwert von primär – präventiven Maßnahmen erneut untermauert. Die Parole „wait and see" gilt in diesem Zusammenhang nicht mehr (vgl. Möller & Spreen – Rauscher 2009, 18).

> Primär – präventive Maßnahmen gelten zudem als einfacher und angenehmer umsetzbar als Therapien und sind deutlich kostengünstiger. Umgangssprachlich lässt sich hier auch der Sinnspruch „Vorbeugen ist besser als Heilen" nennen. Redewendungen wie „Abwarten und Tee trinken" oder „Das wächst sich raus" haben somit ebenfalls keine Bedeutung mehr (vgl. Grimm 2003, 181).

> Frühzeitige (eben primär – präventive) Sprachförderung kann dazu führen, dass die kindliche Sprachentwicklung und

auch der spätere Erwerb der Schriftsprache so optimal wie möglich verlaufen (vgl. Iven 2016, 60).

Das Modell der Salutogenese wurde von dem amerikanisch – israelischen Medizinsoziologen Aaron Antonovsky als eines der einflussreichsten Gesundheitskonzepte entworfen und liegt in deutscher Fassung von A. Franke vor. Der Begriff der Salutogenese ist ein Neologismus aus den Wörtern salus (lat. Unverletztheit, Heil, Glück) und genese (griech. Entstehung).

Die grundsätzliche Fragestellung ist hier, warum Menschen trotz vieler potenziell gesundheitsgefährdender Einflüsse trotzdem gesund bleiben und es bei Erkrankungen schaffen, sich wieder zu erholen.

Das Konzept der Salutogenese soll hier ergänzend zu dem der (primären) Prävention angeführt und erklärt werden. Dieses geschieht aus dem Grund, dass sich einige Parallelen zwischen Maßnahmen im Rahmen dieses Konzeptes – welche zunächst auf den Menschen und seine Gesundheit im Ganzen ausgelegt sind – und dem in diesem Buch behandelten spracherwerbsförderndem Verhalten zeigen. So soll sowohl der Bedarf als auch die Möglichkeit und Notwendigkeit der bewussten positiven Einflussnahme auf die kindliche Allgemein- und Sprachentwicklung noch einmal untermauert werden. Zudem werden zum Ende dieses Abschnittes im Rahmen der Erklärungen zum Kohärenzgefühl einige Aspekte genannt, welche sich auch auf die allgemeine Erziehung und den sprachlichen Umgang mit einem Kind übertragen und anwenden lassen.

Grundannahme im Rahmen der Salutogenese ist, dass alle Menschen sich auf einem Gesundheits – Krankheits – Kontinuum bewegen und damit mehr oder weniger gesund und gleichzeitig mehr oder weniger krank sind. Es gibt also keinen absoluten Zustand der Krankheit oder

Gesundheit, das Eine schließt das Andere nicht aus. Es stellt sich die Frage, wie ein Mensch als Ziel mehr gesund und weniger krank werden kann und nicht, wie er den Pol völlige Gesundheit oder völlige Krankheit erreichen könnte. Auch wenn man sich überwiegend gesund oder krank fühlt, sind auch immer Teile des jeweils Anderen in einem.

Der salutogenetische Ansatz setzt auf eine Stärkung von Ressourcen, um den Organismus gegen negative Einflüsse widerstandsfähiger zu machen. Dabei sollte immer die ganze Person mit ihrer eigenen Lebensgeschichte und dem gesamten System, in dem sie lebt, Berücksichtigung finden.

Eine bedeutende Rolle spielt das so genannte Kohärenzgefühl (Kohärenz = Zusammenhang, Stimmigkeit, Gefühl der Zuversicht) als so genannte kognitive und affektiv – motivationale Grundeinstellung. Dessen Ausprägung macht bei vergleichbaren äußeren Bedingungen nach Antonovsky den Unterschied aus, wie gut ein Mensch in der Lage ist, vorhandene Ressourcen zum Erhalt seiner Gesundheit und des eigenen Wohlbefindens zu nutzen. Je besser das Kohärenzgefühl ausgeprägt ist, desto gesünder sollte die Person sein bzw. desto schneller sollte sie bei einer Erkrankung wieder gesund werden und bleiben. Das Kohärenzgefühl bestimmt also mit seiner Stärke die Möglichkeit, die vorhandenen Widerstandsressourcen optimal zu nutzen.

Das Kohärenzgefühl entwickelt sich im Laufe der Kindheit und Jugend aus den gesammelten Erfahrungen und Erlebnissen eines Menschen. Dabei folgt es den Prinzipien der Assimilation und Akkommodation nach Piaget, wobei äußere Veränderungen die innere Einstellung verändern und beeinflussen.

Damit hängt die Ausprägung des Kohärenzgefühles vor allem von den gesellschaftlichen Gegebenheiten ab. Diese beinhalten unter Anderem:

➢ Wiederholt konsistente Erfahrungen
➢ Balance von Über- und Unterforderung = Belastungsausgleich
➢ Möglichkeit der Einflussnahme auf Entscheidungsprozesse

Erfahrungen, die das Kohärenzgefühl schwächen, sind z. B. Unvorhersehbarkeit, Unkontrollierbarkeit und Unsicherheit. Förderlich ist ein ausgewogenes Verhältnis von Konsistenz und Überraschung, lohnenden und frustrierenden Ereignissen.

Eine grundlegende Veränderung des Kohärenzgefühles im Erwachsenenalter ist nach Antonovsky nur sehr begrenzt möglich.

Im Hinblick auf primär - präventive Maßnahmen ist auf Basis des salutogenetischen Modelles festzuhalten, dass keine punktuellen, sondern den Entwicklungsprozess über einen längeren Zeitraum begleitende Maßnahmen für alle Personengruppen am effektivsten sind.

Quelle der Ausführungen zur Salutogenese:

Bengel, J., Strittmatter, R. & Willmann, H.: „Was erhält Menschen gesund? Antonovskys Modell der Salutogenese – Diskussionsstand und Stellenwert." Erweiterte Neuauflage, Bundeszentrale für gesundheitliche Aufklärung, Köln 2001, neue Auflage von 2009

2.3 Geschichtliches zur Spracherwerbsforschung

Die Spracherwerbsforschung lässt sich bis zu ihrer Begründung in der 2. Hälfe des 19. Jahrhunderts zurückverfolgen, wobei frühere Forschungen ebenfalls möglich und wahrscheinlich sind.

Erste Versuche waren heute ethisch stark umstrittene Isolationsexperimente zur Prüfung, ob Sprache angeboren ist.

Als Forscher arbeiteten interdisziplinär Philosophen, Mediziner, Psychologen und Pädagogen zusammen (vgl. Klann – Delius 2016, 1). Auslöser für eine Zunahme der Forschungstätigkeit war ein steigendes Interesse an der Erforschung des Kindes und seiner Sprache aus Gründen wie z. B. dem Rückgang der Säuglings- und Kindersterblichkeit sowie eines Wechsels in der Einstellung von Eltern gegenüber ihren Kindern und des Stellenwertes von Kindern und Kindheit in der Gesellschaft (vgl. Klann – Delius 2016, 2).

Seit Mitte des 19. Jahrhunderts werden die Kindersprache und ihr Erwerb als eigenständiger Forschungsgegenstand aufgefasst. Dabei wurden zunächst Äußerungen von Kindern aufgezeichnet, um die Abfolge der produktiven Sprachentwicklung abzuleiten (vgl. Kauschke 2012, 7).

2.4 Bedeutung der Sprache für den Menschen

„Sprache gilt als unser grundlegendstes Kommunikationsmittel, das den Austausch von Informationen, Gedanken und Gefühlen ermöglicht. Daher zählt der Erwerb von Sprache zu den wichtigsten Entwicklungsaufgaben der Kindheit" (Ronniger & Petermann 2019, 148).

Dieses Kapitel soll der Bedeutung von Sprache für den Menschen gewidmet sein. Es soll verdeutlichen, wie wichtig der gelingende (kindliche) Spracherwerb ist und in wie vielen Lebensbereichen eine gute Sprach- und Sprechfähigkeit erforderlich ist und sich positiv auswirken kann:

➤ Eine gute Sprachkompetenz ist eine positive Voraussetzung für soziale und emotionale Stabilität, ein gesundes Selbstbewusstsein sowie gute Bildungschancen (vgl. Borcherding 2010, 4).

➤ Sprache bedeutet Lebensqualität.

➤ Sprache ermöglicht Kommunikation wie z. B. das Äußern von Wünschen, die Weitergabe von Informationen und Inhalten, das Stellen von Fragen sowie das Austauschen von Wissen, Erfahrungen und Erlebnissen.

➤ Der (auch schulische) Lernerfolg steht mit den Sprachkompetenzen in enger Beziehung, da unter Anderem Sprache und Denken eng zusammenhängen (vgl. von Suchodoletz 2013, 5).

➤ Sprache kann Zeiten und Generationen überwinden, indem Inhalte z. B. immer weiter mündlich überliefert oder schriftlich fixiert werden.

- Sprache dient auch dem Aufbau und dem Aufrechterhalten von Beziehungen zu anderen Menschen und unserer Umwelt sowie der Entwicklung sozial – emotionaler Fähigkeiten.
- Sprache steht in engem Zusammenhang mit unserer Phantasie.
- Wir benötigen Sprache, um unser familiäres, berufliches und gesellschaftliches Leben mit zu gestalten.
- Sprache hilft uns beim Verwirklichen unserer Bedürfnisse, Wünsche und Träume.
- Dinge, Personen, Eigenschaften und Ereignisse können mittels Sprache benannt, eingeordnet, differenzierter wahrgenommen, behalten, erinnert und wiedererkannt werden.
- Unsere eigene Erfahrungswelt erweitert sich durch das Kennenlernen von Erlebnissen, Gefühlen und Verhaltensweisen anderer, die sie uns über Sprache mitteilen.
- Sprache ermöglicht uns zu denken, uns in andere hineinzuversetzen und unsere eigene Wahrnehmung zu überprüfen.
- Sprache hilft uns, verschiedene Dinge und Erlebnisse zu verarbeiten.
- Sprache lässt uns Konflikte ohne körperliche Gewalt lösen und Dinge ver- und auszuhandeln sowie Lösungen für Probleme zu finden und Handlungen zu planen.
- Sprache vermittelt Werte und Normen (vgl. Schäfer 2007, 15).
- Sprache lässt uns unseren eigenen Standpunkt finden und eine eigene Meinung bilden, mitteilen und vertreten.
- Sprache ermöglicht, verschiedene Aspekte abzuwägen und eigene Entscheidungen zu treffen und zu begründen.

Die vorangegangenen Ausführungen sollen wie erwähnt die elementare Bedeutung von Sprache für das menschliche Leben untermauern und die Notwendigkeit der Unterstützung des Kindes in diesem Bereich aufzeigen und Mut dazu machen, dieses anzupacken. Sie sind keinesfalls dazu gedacht, zu verunsichern oder Angst zu machen, dass der kindliche Spracherwerb selbst und dessen Unterstützung misslingen könnten und dass dieses schwerwiegende negative Folgen haben könnte. Ausdrücklich sei zudem darauf hingewiesen, dass mit dem Begriff „Sprache" nicht nur die Lautsprache, sondern sämtliche Sprachformen wie z. B. auch die Gebärdensprache und weitere verbale und nonverbale Kommunikationsmittel wie Schriftsprache, Gestik und Mimik gemeint sein sollen.

2.5 Der Sprachbaum

Der so genannte Sprachbaum wurde ursprünglich von
WENDTLAND (vgl. Wendtland 2011) genutzt, um die sprachliche
Entwicklung des Kindes in den ersten Lebensjahren vor allem in
Bezug auf dessen Gelingensbedingungen bildlich darzustellen.
Dabei werden alle Einflüsse und Bedingungen berücksichtigt, die zu
einer positiven Sprachentwicklung beitragen bzw. unerlässlich für
diese sind. Der Spracherwerb vollzieht sich dann wie das Wachsen
eines Baumes: Langsam und in bestimmter Abfolge wachsen mit
zunehmendem Alter und Entwicklung des Kindes zunächst die
Wurzeln und finden eine feste Verankerung im Boden, dann der
Stamm, bis sich schließlich die Baumkrone entfalten kann (vgl.
ebenda, 10).

Sie sehen den Sprachbaum zur Verdeutlichung im Folgenden in
zwei verschiedenen Darstellungen der gleichen Version:

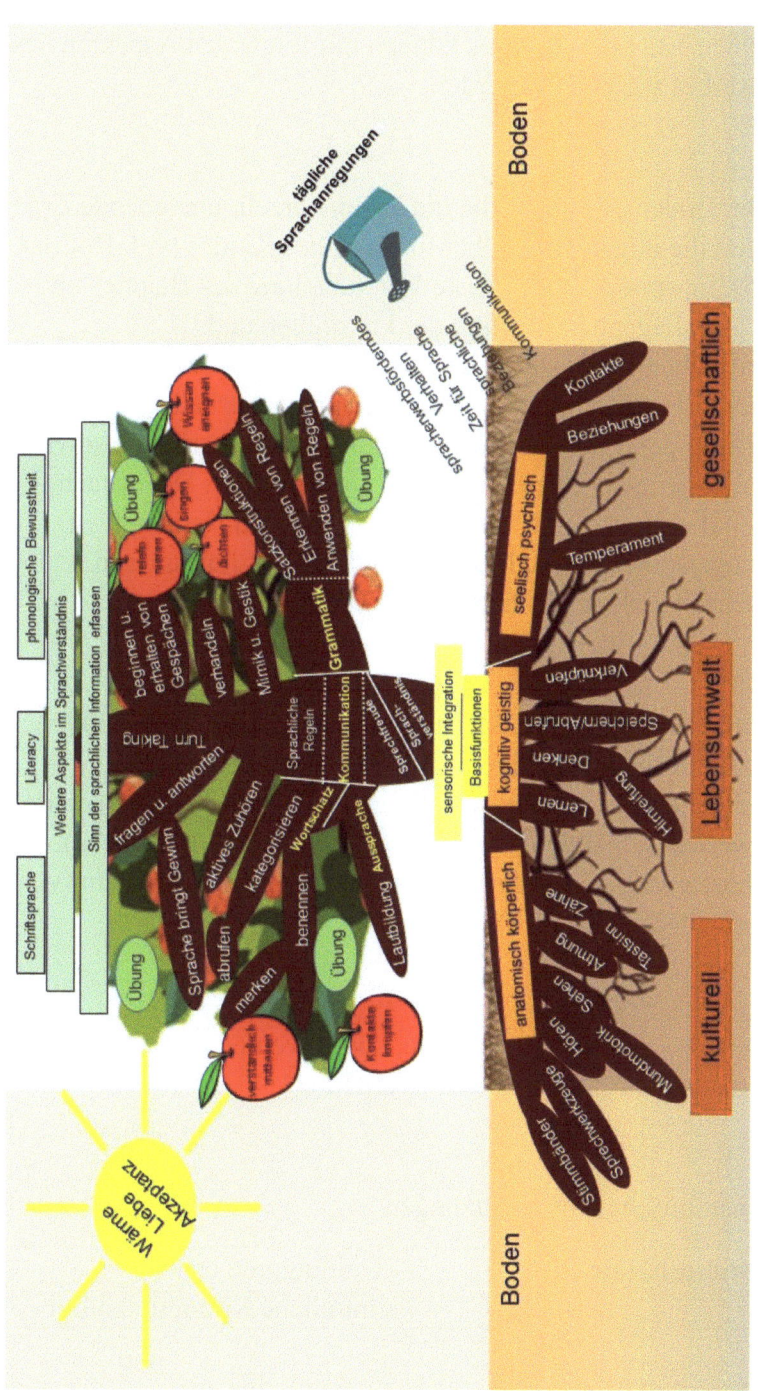

tägliche Sprachanregungen

sprachverstärkendes Verhalten
Zeit für Sprache
sprachliche Bezugsrungen
Kommunikation

Boden

gesellschaftlich

Kontakte
Beziehungen

seelisch psychisch

Temperament

Verknüpfen

kognitiv geistig

Speichern/Abrufen
Denken
Lernen
Hirnreifung

sensorische Integration
Basisfunktionen

Lebensumwelt

anatomisch körperlich

Zähne
Tasissin
Atmung
Sehen
Hören
Mundmotorik
Sprachwerkzeuge
Stimmbänder

kulturell

Boden

Schriftsprache
Literacy
phonologische Bewusstheit
Weitere Aspekte im Sprachverständnis
Sinn der sprachlichen Information erfassen

Wissen aneignen
Übung
Singen
richtig reagieren
Buchen
Satzkonstruktionen
Erkennen von Regeln
Anwenden von Regeln
Übung
beginnen u. erhalten von Gespächen
verhandeln
Mimik u. Gestik
Grammatik
Turn Taking
Sprachliche Regeln
Kommunikation
Sprachrhythmus
Sprachmelodie
fragen u. antworten
abrufen
aktives Zuhören
kategonisieren
Wortschatz
Aussprache
benennen
Lautbildung
Übung
merken
Sprache bringt Gewinn
verständlich machen
Kontakte knüpfen

Wärme
Liebe
Akzeptanz

Die einzelnen Teile des Baumes können mit folgenden Aspekten des Spracherwerbes verglichen werden:

Boden: Der Boden oder auch die die Baumwurzeln umgebende Erde symbolisiert die allgemeine Lebensumwelt des Kindes (vgl. Rodrian 2009, 105). Er ermöglicht die feste Verwurzelung des Baumes und zeigt den grundlegenden Einfluss der kulturellen und gesellschaftlichen Lebensumwelt auf die kindliche Entwicklung. Dazu gehört z.B. die Erziehung innerhalb und außerhalb der Familie. Diese prägt das Denken, Kommunikationsverhalten sowie die Einstellungen und inneren Haltungen des Kindes. Die Sprache vermittelt dabei Werte und Normen, gibt Gefühlen Namen, lässt Empfindungen ausdrücken, Ideen entwickeln und formulieren. Sprache schafft zudem Identität (vgl. Wendtland 2011, 12).

Wurzeln: Sie beinhalten die Basisfunktionen (vgl. Rodrian 2009, 104), also körperliche, geistige und psychische Fähigkeiten, Grundlagen, die zwingend erforderlich sind, um den regelgerechten Spracherwerb durchlaufen zu können (vgl. Wendtland 2011, 12). Dabei gehören auch die Wahrnehmungskanäle zu den Wurzeln (vgl. Beushausen & Klein 2015, 8).

Die Wurzeln beinhalten anatomische, kognitive und soziale Voraussetzungen (vgl. Wendtland 2011, 12 – 15):

➢ Anatomische Voraussetzungen

Stimmbänder	-Training und erste stimmliche Kommunikation

	und Beziehung durch Schreien
Sprechwerkzeuge / Sprechapparat *Zwerchfell, Lunge, Bronchien →* verantwortlich für die Atmung	-Training durch Lallen und erstes Bilden von Lauten
Kehlkopf	-verantwortlich für die Produktion der Stimme
Artikulationsorgane: Kiefer, Rachen, Nase, Mundhöhle, Gaumen, Zunge, Zähne, Lippen	-ermöglichen verständliches Sprechen
intaktes Muskelgewebe	-erforderlich für Atmung, Stimmgebung und Aussprache, gesteuert und koordiniert vom Gehirn
Hören	Wahrnehmen der fremden und eigenen Sprachproduktion (vgl. Kügerl 2006, 38).
Sehen	Gegenstände der Umgebung wahrnehmen, Handlungen

	von Personen verfolgen, Sehen und Nachahmen von Mundbildern / Lippenstellung anderer beim Sprechen.
Tastsinn	Erfassen der Umwelt über Haut, Zunge und Lippen Bewegungswahrnehmung z.B. Wahrnehmung der Zungenstellung beim Bilden verschiedener Laute.
(Mund-) Motorik **=Teil der Feinmotorik**	Bedingung für eine verständliche Lautbildung sind zielgerichtete Mund- und Zungenbewegungen, die geplant und willentlich gesteuert werden müssen. Kraftdosierung der Mundmuskulatur und das in Sekundenbruchteilen Herstellen von Stellung und Spannungszuständen der Muskeln (vgl. ebenda, 37). Ergänzend dazu muss die gesamtkörperliche Entwicklung der Grob- und Feinmotorik intakt sein.
Zähne	Intakte Zähne sind Voraussetzung für eine verständliche Lautbildung.

Atmung	Die Atmung ist ein Produkt des Sprechapparates. Sie ermöglicht das Erzeugen eines Grundtones im Kehlkopf durch Ausatmen, aus dem die verschiedenen Laute durch Stellung der Artikulationsorgane gebildet werden können (vgl. ebenda).

> ➤ Kognitive Voraussetzungen:

Neue Sinneseindrücke müssen vom Kind wahrgenommen, verarbeitet und abgespeichert werden. So werden z. B. die Eigenschaften, Bedeutung und Aussprache des Wortes „Ball" gespeichert und müssen dann später entsprechend abgerufen werden. Kognitive Prozesse sind also Prozesse des Lernens und Denkens, bei denen für die Sprachentwicklung besonders die Aufmerksamkeit, die auditive Wahrnehmung und die Sprachbewusstheit elementar sind. Im Rahmen der Kognition wird unter Anderem Ordnung in den Wortschatz gebracht und Sinneseindrücke des Hörens, Sehens und Tastens sprachlich verknüpft, um sie später in Form von Wörtern benennen zu können. Basis für die Entwicklung kognitiver Voraussetzungen für den Spracherwerb ist besonders die Hirnreifung (vgl. Beushausen & Klein 2015, 9).

> Sozial- / emotionale Voraussetzungen:

Der soziale Kontakt und die Art, wie befriedigend diese Begegnungen stattfinden, entwickeln beim Kind die Grundhaltungen zu Umwelt und Mitmenschen. Das Erfahren von Vertrauen und Geborgenheit regt zum aktiven Mitgestalten der Welt an, was wiederum durch Sprache gelingt: Sprechen bedeutet, sozialen Kontakt und Beziehungen zu anderen Menschen einzugehen, dabei ist die Beziehung zu primären Bezugspersonen entscheidend für die Ausbildung des Gefühlslebens eines Kindes. Dazu gehört auch sein Temperament, also ob das Kind z.B. ruhig, flexibel, ausdauernd ist, was sich auf Art und Weise von Sprechen und Zuhören und die gesamte Kommunikation auswirkt (vgl. Kügerl 2006, 38).

Übergang Wurzeln zu Stamm: Diesen bildet der Aspekt der sensorischen Integration, welcher ALLE bisher genannten Aspekte des Baumes beinhaltet. Sie stehen in enger Beziehung zueinander, neu Erlerntes wird in bestehende Fähigkeiten einbezogen, also integriert. Diese sensorische Integration ist zugleich Voraussetzung und Begleiter der Sprachentwicklung. Sie führt unterschiedliche Sinneseindrücke zusammen, damit diese gemeinsam verarbeitet werden können (vgl. ebenda).

Die soeben beschriebenen Wurzeln sind nicht nur für die Sprachentwicklung im Kindesalter wichtig, sondern beeinflussen den Umgang mit Sprache und Kommunikation ein Leben lang. Außerdem begleiten sie die gesamte seelische und geistige Entwicklung eines Menschen, seine Persönlichkeit und seine Teilhabe an der Gesellschaft. An dieser Stelle wird einmal mehr die häufig betonte existenzielle Bedeutung der Sprache für den Menschen deutlich.

Stamm: Er baut auf den körperlichen, geistigen und psychischen Fähigkeiten auf und beinhaltet die Voraussetzungen Sprachverständnis und Sprechfreude, die gegeben sein müssen, damit sich die Sprache ausdifferenzieren kann (vgl. Wendtland 2011, 12). Er ist damit der Sockel des Spracherwerbes (vgl. ebenda, 15).

Entwicklung des Sprachverständnisses: Schon lange bevor das Kind selbst sprechen kann, ist es in der Lage, Sprache zu verstehen. Das Sprachverstehen geht also der Sprachproduktion voraus. Zunächst ist das Verstehen nur auf Situationen und Schlüsselwörter bezogen und wird dann zunehmend abstrakter und unabhängiger vom situativen Kontext (vgl. ebenda, 16).

Entfaltung der Sprechfreude: Der Spracherwerb ist leichter zu bewältigen, wenn die kindlichen Kommunikationsversuche von Erfolg gekrönt sind und das Sprechen Spaß macht. Dadurch steigt die Motivation. Ein wichtiger Beitrag hierzu ist, dass die Bezugspersonen den Kommunikationsversuchen des Kindes positiv gegenüberstehen und sie freudig aufgreifen (vgl. ebenda). Der Aspekt der Sprechfreude kann auch als „Sprechen können wollen" bezeichnet werden (vgl. Beushausen & Klein 2015, 8).

Krone (Äste, Zweige): Die Krone symbolisiert die komplett ausgebildete Sprache, untergliedert in die Sprachebenen Aussprache (Phonetik / Phonologie), Wortschatz (Semantik / Lexikon), Grammatik (Morphologie / Syntax) und Kommunikation (Pragmatik) (vgl. Wendtland 2011, 12).

Zu der Entwicklung in den einzelnen Bereichen (vgl. ebenda, 16 & 17):

Aussprache (Phonetik / Phonologie)	Die Laute der Muttersprache werden zunehmend richtig gebildet.
Wortschatz (Semantik / Lexikon)	Zunächst Benennen erfassbarer Dinge aus dem kindlichen Alltag, später auch Dinge außerhalb der unmittelbaren Reichweite, nicht anfassbarer und abstrakterer Dinge. Begriffe werden kategorisiert, gemerkt und wiedererkannt / abgerufen.
Grammatik (Syntax / Morphologie)	Es entwickeln sich immer längere Satzgebilde und kompliziertere Satzkonstruktionen, die zunehmend mehr den Regeln der Muttersprache folgen. Neue Regeln werden erkannt, abgeleitet und immer sicherer angewendet.
Kommunikation (Pragmatik)	Zunehmender Erwerb und Anwendung grundlegender sprachlicher Regeln, die für das Verstehen und die Gestaltung zwischenmenschlicher Gespräche Voraussetzung sind. Dazu gehören z.B. aktives

	Zuhören, das Stellen von Fragen, das Antworten, das Wechseln der Sprecherrolle und das Eingehen auf die Äußerungen des Gesprächspartners. Hinzu kommt das Sprechen über Sachliches und Gefühle, Verhandlungsfähigkeit, Kompetenz zur Konfliktlösung, das Unterstützen des Gesagten mit Mimik und Gestik, das Beginnen und Aufrechterhalten von Gesprächen und die Erfahrung, mit dem eigenen Sprechen Einfluss zu nehmen. Das Kind erfährt, dass sich Sprechen für sich und die Befriedigung seiner Bedürfnisse lohnt und ihm einen großen Gewinn bringt.

Alle vier Bereiche wachsen nebeneinander und in der Regel in einem recht schnellen Tempo (vgl. ebenda, 16).

Einen übergreifenden, oberen Teil der Baumkrone stellen weitere Aspekte des Sprachverständnisses dar, in dem z.B. das Unterscheiden ähnlich klingender Laute, das Trennen von Stimmen und Umgebungsgeräuschen sowie die Konzentration auf das Gesagte enthalten sind. Diese Kompetenzen sind unter Anderem erforderlich, um den Sinn der sprachlichen Information zu erfassen (vgl. Kügerl 2006, 39).

Blätter der Krone: Hiermit sind verschiedene Übungsmöglichkeiten, wie z.B. Gespräche oder Spielsituationen mit Bezugspersonen, Gleichaltrigen / Peers und anderen Menschen gemeint, mit deren Hilfe das Kind seine sprachlichen Fähigkeiten entwickeln und weiter ausbauen kann (vgl. ebenda).

Früchte (Äpfel): Diese sind die Ergebnisse der Sprachentwicklung und die Kompetenzen und Möglichkeiten, die sich daraus für das Kind ergeben wie z.B. sich verständlich mitteilen zu können, Kontakte zu knüpfen, sich Wissen anzueignen, zu dichten, zu singen, zu telefonieren, usw. (vgl. ebenda).

Wipfel: Der Wipfel stellt die weitere sprachliche Entwicklung in Form der Schriftsprache dar. Für diese werden von Beginn an im Rahmen der Entwicklung von Literacy und phonologischer Bewusstheit wichtige Grundlagen gelegt. Die weiteren Aspekte dieses Bereiches sind nicht mehr Teil der vorschulischen Entwicklung und bleiben aus diesem Grund hier ausgeklammert.

Sonne: Die Sonne symbolisiert wichtige Umwelteinflüsse, denn so wie ein Baum Licht und Wärme braucht, braucht das Kind für seine Sprach- und Gesamtentwicklung die liebevolle Wärme, Liebe und Akzeptanz seiner Eltern, Erzieher und Bezugspersonen, Geborgenheit, Schutz, Sicherheit, Fürsorge, Zuneigung und die Freiheit, sich entfalten zu können. Auch mit den besten Anlagen können sowohl Baum als auch Kind nicht aus sich selbst heraus wachsen (vgl. Wendtland 2011, 12).

<u>Gießkanne:</u> Auch die Gießkanne bezieht sich auf Umwelteinflüsse. Was für den Baum die tägliche Versorgung mit Nährstoffen und sauberem Wasser ist, sind für das Kind tägliche Sprachanregungen, sozusagen ein Sprachmenü, welches die tägliche Kommunikation (vgl. Rodrian 2009, 104), ausreichend Zeit für Sprache und Sprechen (vgl. Kügerl 2006, 44) und das sich sprachlich in Beziehung Setzen beinhaltet (vgl. Wendtland 2011, 12). Sprache kann nur durch Sprechen erlernt werden. Ein Klima, in dem mit positivem Gefühl miteinander kommuniziert wird, ist Voraussetzung dafür, dass sich die angeborenen sprachlichen Fähigkeiten entwickeln können. Durch die Art, wie Bezugspersonen mit einem Kind reden, können sie seine Sprachentwicklung „gießen", also anregen und fördern (vgl. ebenda). Damit stellt die Gießkanne unter Anderem das spracherwerbsfördernde Verhalten der Bezugspersonen dar, welches der zentrale Aspekt dieses Buches ist.

In der Natur gleicht kein Baum dem Anderen, und so sind auch jedes Kind und jeder Spracherwerb individuell. Die Abläufe sind zwar ähnlich, jedoch existieren individuelle Unterschiede im Erwerbstempo und dem Zeitpunkt des Erreichens verschiedener Meilensteine wie z.B. dem des Sprechbeginnes, Art der ersten Wörter und der Häufigkeit des Sprechens (vgl. ebenda, 19).

2.6 Die vier Sprachebenen

Wie bereits im Sprachbaum angedeutet, lässt sich das Phänomen „Sprache" in vier nebeneinander gleichberechtigte Ebenen gliedern:

Wortschatz / Semantik / Lexikon	Gramma-tik / Syntax + Morpho-logie	Aussprache / Phonetik + Phonologie	Pragmatik / Sprachge-brauch
-Ist eine Art „Schatztruhe", in der das Kind alle erlernten Wörter mit deren Aussprache, Bedeutung etc. sammelt. -Je größer diese Sammlung ist, desto variabler kann das Kind sprechen. -Der passive (= Wort kennen und verstehen) Wortschatz ist um einiges größer als der	-Dieser Bereich umfasst sozusagen den Bauplan unserer Sprache in Form von Regeln, nach denen Sätze gebildet und Worte für diese Sätze entspre-	-Beinhaltet die Fähigkeit, die Laute der Sprache und Lautverbin-dungen zu hören, zu unterscheiden und zu korrekt auszusprechen. -Der hier zugehörige Bereich der phonologischen Bewusstheit meint den Einblick in sprachliche Strukturen wie z.B. das	-Hierzu gehört die aktive Verwendung von Sprache, welches z.B. auch sprachliche, oft auch Adressatenbe-zogene Umgangsformen beinhaltet. -Wichtig ist hier auch das Sprachver-ständnis, welches ein hohes Maß an

aktive (= Wort kann darüber hinaus auch sprachlich aktiv verwendet werden) Wortschatz. -Wortschatz in Zahlen: 1. Geburtstag = erste Worte 2. Geburtstag = 50 – 100 Wörter aktiv; passiv sind es mehr als doppelt so viele 3. Geburtstag = zwischen 500 und deutlich mehr als 100 aktiv abrufbare Wörter. 6.Geburtstag / Ende der Kindergartenzeit = 5000 Wörter aktiv	chend passend verändert werden müssen (z.B. Verbfle-xion zur Bildung verschie-dener Personen- und Zeit-formen).	Zerlegen von Wörtern in Silben (Analyse) und das Verbinden von Silben zu Wörtern (Synthese), welches für den Schriftsprach-erwerb beherrscht werden muss.	Konzentration erfordert. -Beim Verstehen gesprochener Sprache und dem Entschlüsseln von Botschaften helfen zudem Gestik und Mimik des Gegenübers. -So entsteht der anspruchsvolle Ablauf von Informationen aufnehmen, verstehen, erinnern und befolgen, also in Handlung umsetzen.

Erwachsenen-alter = Etwa 6000 bis 16000 Wörter aktiv.			

2.7 Spracherwerbstheorien – Wie kann man den kindlichen Erstspracherwerb erklären?

Im Zusammenhang mit den Ausführungen zum kindlichen Erstspracherwerb soll an dieser Stelle kurz auf die Thematik der Spracherwerbstheorien (Erklärungsansätze für den Spracherwerb) eingegangen werden.

Hier geht es um die seit jeher andauernde Diskussion, ob und wenn ja in welchem Ausmaß Anlage und Umwelt, also anlagebedingte Faktoren und das Sprachangebot der Umwelt, Einfluss auf den kindlichen Spracherwerb nehmen (vgl. Kauschke 2007, 4). Konsens besteht in den meisten Darstellungen darüber, dass beide Aspekte benötigt werden, das Kind also den Input der Umwelt benötigt und darauf mit bestimmten angelegten Voraussetzungen reagiert (vgl. ebenda, 6 und vgl. Grimm 1994, 36). Verdeutlicht werden soll mit der Rolle des Inputs jeweils auch die Bedeutung der primären Bezugspersonen für den Spracherwerb innerhalb der jeweiligen Theorie.

Folgende fünf Spracherwerbstheorien standen und stehen im Laufe der Geschichte im Vordergrund:

Behaviorismus (vertreten z.B. von Burrhus F. Skinner): Geht davon aus, dass Imitation der wesentliche Auslöser für die Sprachentwicklung ist. Diese Theorie wurde in den 1950er Jahren begründet. Sprache muss hier in ihrer Gesamtheit erlernt werden, da Verhalten als Reaktion auf äußere und innere Reize definiert ist und Sprache hier als konditionierte Fähigkeit angesehen wird. Das Kind bleibt passiv und ahmt die gehörte Sprache nach. Das sprachliche Verhalten wird dann durch Lob oder Tadel entsprechend positiv und negativ verstärkt (vgl. Aki 2005, 4).

Kognitivismus (vertreten z.B. von Jean Piaget): Der Spracherwerb ist hier Teil der kindlichen Gesamtentwicklung und steht in enger Verbindung zur kognitiven Entwicklung. Dabei beeinflussen sich die kognitive und die sprachliche Entwicklung auch wechselseitig. Kognition bedeutet hier biologische Reifung und Entfaltung angeborener Fähigkeiten (vgl. Kaletsch 2013, 17). Dabei ist der Spracherwerb keine eigene Entwicklungsaufgabe, sondern basiert auf kognitiven Voraussetzungen wie z.B. ihrer Repräsentationsfunktion (vgl. Kauschke 2012, 145). Diese meint, dass z.B. ein Gegenstand in der Sprache durch dessen Bezeichnung, also das Wort / den Begriff dafür, dargestellt wird.

Interaktionismus (vertreten z.B. von Jerome Bruner): Hier erfolgt der Spracherwerb in gemeinsamen und aufeinander bezogenen, sozialen Handlungen zwischen dem Kind und seinen Bezugspersonen. Motor der Sprachentwicklung ist die Intention des Kindes zu kommunizieren und sich sprachlich auszutauschen. Dabei begegnet es im Idealfall einem kindgerecht gestalteten und vermittelten Input seiner primären Bezugspersonen (vgl. Kauschke 2012, 144). Die Bezugspersonen handeln dabei intuitiv und ohne lehrende Absicht in einem kommunikativen Unterstützungssystem, indem sie z. B. korrigierende Rückmeldungen der Grammatik vornehmen (vgl. ebenda, 143).

Nativismus (vertreten z.B. von Noam Chomsky): Diese Theorie geht von einem angeborenen Wissen über die Grundstruktur der Sprache aus. Das Kind weiß hiernach also bereits bei seiner Geburt mehr über Sprache, als es im Sprachangebot seiner Umwelt aktuell vorfindet (vgl. Kauschke 2012, 139). Die sprachliche Kompetenz reift schrittweise aus einem genetisch vorgegebenen Repertoire heran, ist also biologisch vorprogrammiert und weist dem Kind die Rolle des passiven Lerners zu (vgl. ebenda, 140).

Konstruktivistische Spracherwerbstheorien (vertreten z.B. von Michael Tomasello): Hier haben sowohl die kognitiven Aspekte als auch die Interaktion eine bedeutende Rolle im Spracherwerb. Das Kind erlernt demnach schrittweise bestimmte soziale und kognitive Fähigkeiten, die später in die sprachliche Kommunikation münden (vgl. Kauschke 2012, 146).

Über die beschriebenen Spracherwerbstheorien hinaus wird davon ausgegangen, dass häufig auch das Geschlecht, der Geschwisterrang und der elterliche Bildungsstand (Bildungsstand der primären Bezugspersonen) einen Einfluss besonders auf die Schnelligkeit des Spracherwerbes haben. Hier sind Mädchen schneller als Jungen, Erstgeborene schneller als Zweitgeborene und Kinder mit primären Bezugspersonen mit höherem Bildungsstand schneller als solche, die mit einem niedrigeren Bildungsstand konfrontiert werden (vgl. Szagun 2013, 188).

Allgemein wird davon ausgegangen, dass sprachliche Strukturen mittels allgemeiner kognitiver Fähigkeiten aus der sozialen Interaktion und dem Sprachangebot an das Kind heraus konstruiert werden (vgl. Aki 2005, 1). Dieser Standpunkt ist auch als Basis für dieses Buch anzusehen. Es ist also festzustellen, dass es aktuell keine Allgemeingültigkeiten und für sich alleinstehende Theorie über den kindlichen Spracherwerb gibt. Zudem ist anzumerken, dass einige Theorien in ihrer Gesamtheit oder in Teilen bereits mehrmals wissenschaftlich widerlegt wurden.

2.8 Der Spracherwerb

Der kindliche Spracherwerb ist, obwohl er der Mehrzahl von Kindern gelingt, ein in höchstem Maße komplexes Konstrukt. Am Ende dieses individuellen Weges wird jedes Kind seine Muttersprache komplett oder nahezu komplett beherrschen. Kinder sprechen nicht einfach Gehörtes nach, sondern lernen die Bedeutung von Wörtern und nach welchen Regeln Laute zu Wörtern, Wörter zu Sätzen und Sätze zu Erzählungen kombiniert werden können. Dabei stehen ihnen in der deutschen Sprache 40 Laute, 5000 Grundwörter, etwa 500 000 Wörter insgesamt und eine unendliche Zahl an zu bildenden Sätzen zur Verfügung (vgl. von Suchodoletz 2013, 11). Kinder lernen das Sprechen nicht um der Sprache selbst willen, sondern erkennen den Nutzen darin, sprechen und somit z.B. andere zur Befriedigung der eigenen Bedürfnisse beeinflussen zu können. Sie ziehen die Motivation zum Spracherwerb also unbewusst daraus, effektiver kommunizieren und verstehen zu können und besser verstanden zu werden (vgl. Motsch 2010, 22).

Es zeigt sich eine große Individualität in der Geschwindigkeit des Bewältigens der einzelnen Erwerbsschritte (vgl. Hasselmann 1998, 24) und in der Tatsache, dass der Spracherwerb meist keine kontinuierliche Entwicklung verfolgt, sondern von Schüben mit kurzer Stagnation dazwischen gekennzeichnet ist, wobei ein Stillstand über einen Zeitraum von einem Monat durchaus möglich und unbedenklich sein kann (vgl. ebenda, 54). Das typische „Normkind" gibt es wie bei anderen Entwicklungsbereichen also nicht (vgl. Szagun 2007, 150). Die Reihenfolge der Erwerbsschritte ist jedoch bei allen Kindern zunächst relativ gleich (vgl. von Suchodoletz 2013, 17).

Festzuhalten ist ebenfalls, dass Sprache nur in Kommunikation und Interaktion mit anderen Menschen erworben werden kann und einige Voraussetzungen, wie z.B. ein gewisses Sprachverständnis und ein intaktes Gehör, gegeben sein müssen. Kann ein Kind die Laute der gehörten Sprache nicht richtig wahrnehmen, weil sein Gehör z.B. durch zu große Polypen, Mandeln oder Sekret hinter dem Trommelfell eingeschränkt ist, kann es sie auch nicht entsprechend korrekt unterscheiden, speichern und selbst sprechen (vgl. Hasselmann 1998, 24, 25, 58 und Borcherding 2010, 6). In dem Kapitel zum Sprachbaum wurden ebenfalls bereits das Sehen (Blickkontakt, Sehen des Lippenbildes des Gesprächspartners), das Tasten und Fühlen (Eigenschaften von Gegenständen und Positionen der Sprechwerkzeuge bei der Lautbildung im Mund wahrnehmen) als wichtige Voraussetzungen für den kindlichen Spracherwerb angesprochen (vgl. Borcherding 2010, 7). Schnelligkeit und Erfolg im Spracherwerb sind zudem abhängig von der angeborenen Sprachbegabung und Quantität und Qualität der Sprachanregungen durch das Umfeld (vgl. von Suchodoletz 2013, 12).

Dem sprachlichen Input und seiner Quantität und Qualität kommt somit eine hohe Bedeutung zu, worauf in weiteren Kapiteln noch näher eingegangen wird. Dabei darf nicht vernachlässigt werden, dass Kinder auch von Kindern lernen, also auch der sprachliche Einfluss der Peer – Group von hoher Bedeutung ist. Kinder sind gleichwertige Partner, die untereinander als Vorbild dienen in der Erfahrung, Sprache selbst besser zu beherrschen und damit etwas weitergeben zu können (vgl. Hasselmann 1998, 66 und Beushausen & Klein 2015, 39).

Im Folgenden sollen noch weitere Voraussetzungen des kindlichen Spracherwerbes beschrieben werden. Auf einige von ihnen wird im weiteren Verlauf dieses Buches noch weiter eingegangen werden, wenn es z.B. um die Einflussmöglichkeiten primärer Bezugspersonen auf den kindlichen Spracherwerb geht.

Wie bei allen Lernprozessen steigt die Lernfähigkeit mit dem Grad der Begeisterung für das zu Erlernende. So trägt Spaß an Sprache und Sprechen erheblich zu einer erfolgreichen Bewältigung des Spracherwerbes bei (vgl. Hasselmann 1998, 64). Ebenso ist eine angstfreie, warme und entspannte Umgebung Voraussetzung für eine gelingende sprachliche und allgemeine Entwicklung (vgl. Brüggebors 1987, 132). Weitergehende Aspekte sind auch die Struktur der Familie, Aufmerksamkeit und Zeit, die dem Kind zuteilwerden, Menge und Qualität der geistigen und sprachlichen Anregungen, gesunde Ernährung, ausreichend Schlaf und noch viele weitere mehr (vgl. von Plüskow 2011, 11 und Kügerl 2006, 44).

Kinder neigen zudem dazu, sich ein Stück weit die Bedingungen, die sie für den Spracherwerb benötigen, selbst einzufordern. So verschaffen sie sich z. B. Wiederholungen davon, Bilder beschrieben, Sachen im Detail gezeigt oder Texte vorgelesen zu bekommen. Diese Wiederholungen geben Sicherheit und helfen unter Anderem, sich den Klang von Wörtern und Sätzen einzuprägen, sich im Nachsprechen zu versuchen und „Schubladen" für die Regeln der Grammatik zu bilden (vgl. Fritzenkötter 2002, 17).

An dieser Stelle möchte ich nun einen tabellarischen Überblick über die vorschulische Sprachentwicklung geben. Ich gehe dabei von einer unauffälligen Sprachentwicklung aus, wobei zu beachten ist, dass diese wie angesprochen einer hohen Variabilität unterliegt, so dass die Grenze zwischen „normal" und „auffällig" fließend ist (vgl. Sachse in: Sachse, Ringmann & Siegmüller 2015, Vorwort). Somit ist gerade bei Kindern in den ersten vier Lebensjahren der

Unterschied zwischen einer einfachen Verzögerung des Sprachentwicklungsprozesses und einer beginnenden Sprachentwicklungsstörung komplex zu definieren (vgl. Hachul in: Sachse 2015, 81).

Das Kind selbst nimmt seinen eigenen frühen Spracherwerb nicht wahr und kann sich somit im späteren Leben nicht daran erinnern. Der Erwerb der Muttersprache ist folglich zunächst bewusstseinsunfähig und unterliegt in den ersten beiden Lebensjahren keiner Selbstreflektion (vgl. Bruner 2002, Geleitwort). Damit liegt das so genannte Black Box Dilemma vor: Der Spracherwerb lässt sich nicht konkret beobachten, es ist nicht genau analysierbar, welche Prozesse, Neuronen und Transmitter überhaupt, wann und wie daran beteiligt sind. Daher existieren zahlreiche Theorien, um den Spracherwerb zu erklären (vgl. Miller, Jungheim & Ptok 2014, 244). Einen Überblick über verschiedene Spracherwerbstheorien wurde bereits gegeben.

Für viele Teilaspekte des Spracherwerbes gilt das Prinzip der spezifischen Asymmetrie. Dieses beinhaltet, dass die Rezeption stets der Produktion vorausgeht (vgl. Kemp & Bredel 2008, 77). Das Kind versteht demnach Formen bereits bevor es sie selbst in zielsprachlicher Form und Funktion produzieren kann.

Der Spracherwerb vollzieht sich in der Erarbeitung von Übergangssystemen, die sich immer mehr auf die Zielsprache zubewegen. Dabei gilt, dass eine Form noch nicht als endgültig erworben gilt, wenn sie bereits verwendet wird (vgl. ebenda). Hier spielen auch Fehler eine besondere Rolle: Sie zeigen, dass das Kind in der Sprachentwicklung aktiv und in den Regelerwerb eingestiegen ist. So lange Fehler Übergangsphänomene sind und von neuen Bildungen abgelöst werden, die ebenfalls noch fehlerhaft sein können, besteht daher auch kein Grund zur Besorgnis, wie es bei einer dauerhaften Stagnation der Fall wäre (vgl. ebenda, 82).

Beispielsweise gilt eine grammatische Regel als erworben, wenn sie in 90% der Äußerungen, in denen sie verwendet wird, korrekt benutzt wird (vgl. Motsch 2010, 27).

Überblick der kindlichen Sprachentwicklung von Kindern mit deutscher Muttersprache von der Geburt bis zum vollendeten sechsten Lebensjahr	
	Vorsprachliche Entwicklung → Vorsilbenalter (0 bis 6 Monate)
Alter	**Elementarste Schritte in der Sprachentwicklung**
0 bis 1 Monat	-Primärschrei -Das Kind gibt erste Laute von sich → reaktive Laute -Äußern von Bedürfnissen und Kommunikation durch Schreien und Mimik -Das Kind zieht Laute der Muttersprache denen anderer Sprachen vor -Reaktion auf laute Geräusche -Sensitivität für Rhythmus und Prosodie
bis 2 Monate	-Beginn des Quietschens und Gurrens -Erwiderung des Lächelns einer vertrauten Person -Das Kind reagiert auf Ansprache mit Lautäußerungen
bis 3 Monate	-Beginn der ersten Lallphase (→ Spektrum des Lallens ist zunächst unabhängig von den Lauten der Muttersprache, wird dann bald angeglichen)

	-Bilden von Lall-, Gurgel- und Sprudellauten, angeregt durch taktile Reize im Mundraum -Artikulation von Bedürfnissen durch unterschiedliche Schreie -Lippenbewegungen werden mit Vokalen in Zusammenhang gebracht
bis 4 Monate	-Wenden des Kopfes zu einer wahrgenommenen Geräuschquelle -ausführliches Erproben der Sprechorgane -Bedürfnisse und Unmut werden differenzierter geäußert: Schreien, Wegdrehen, Abbruch von Blickkontakt -Erstes bewusstes Lächeln -Dialogähnliche Situationen zwischen Kind und anderen Personen -Das Kind unterscheidet über Stimmklang und Satzmelodie freundliche und ärgerliche Stimmen → entsprechende Reaktion folgt -Erzeugen von Quietschen, Brummen und Jauchzen -Lallendes Nachahmen vorgesprochener Vokale
bis 5 Monate	-Das Kind dreht den Kopf in Richtung einer Schallquelle und versucht, Blickkontakt aufzunehmen -Das Kind reagiert auf seinen Namen -Bilden von Schmatz-, Zisch- und Vokallauten und ersten Silben

	-Laute ähneln immer mehr denen der Muttersprache -Erkennen von Silben -Erkennen unterschiedlicher Interaktionsmuster
bis 6 Monate	-Das Kind bildet unterschiedliche Laute -Kommunikation durch Lächeln und Lachen -Erproben unterschiedlicher Tonhöhen und Betonungen -Bilden von Lauten und Konsonantenverbindungen in allen Artikulationszonen
	Vorsprachliche Entwicklung → Silbenalter (7 bis 12 Monate)
bis 7 Monate	-Beginn der zweiten Lallphase (→ kanonisches Lallen). Das Lallen wird nun durch die akustische Wahrnehmung gesteuert, wodurch sich die Laute immer mehr denen der Muttersprache angleichen -Das Kind reagiert auf das Rufen seines Namens -Verdoppeln von Konsonant – Vokal – Folgen -Bilden von Silbenverbindungen
bis 8 Monate	-Gespür für einfache grammatische Strukturen → Sätze mit sinnvollen Sprachpausen werden Sätzen mit unsinnigen Pausen vorgezogen -Das Kind erkennt Anfang und Ende von Wörtern und Sätzen (Phrasenstrukturgrenzen)
bis 9 Monate	-Brabbeln ist als Sprechversuch identifizierbar -Erstes Wortverständnis

	-Gebildete Laute gehören sicher zur Muttersprache -Bedeutung von „*nein*" wird begriffen
bis 10 Monate	-Weiterentwicklung des Wortverständnisses -Das Kind beginnt, mit verschiedenen Gesten zu kommunizieren -Verständnis erster Bezeichnung von Gegenständen und Namen von Bezugspersonen → Bei Hören des Wortes oder Namens Drehen des Kopfes in die entsprechende Richtung -Befolgen einfacher Anweisungen wie „*Gib mir...!*" -Erste Worte durch Verdopplung von Silben, z.B.: „*Mama*" und Begreifen des Zusammenhanges zwischen dem Wort und dieser Person
bis 11 Monate	-Versuch, vorgesprochene Wörter nachzusprechen -Das Lallen verstärkt sich nochmals, die Zahl der dabei produzierten Laute steigt
bis 12 Monate	-langanhaltendes Lallen (→ Lallmonologie) -Erste klare Worte werden gesprochen, das Mitteilungsbedürfnis steigt -Rasante Zunahme des Verständnisses von Wörtern und einzelnen Sätzen -Produktion von Lautketten mit verschiedenen Konsonanten und mehreren Silben (→ variables Lallen) -Artikulation längerer Silbenketten

	-Vereinfachungsprozesse bei der Artikulation von Worten → z.B. Lautauslassungen
	-Klare Aussprache von Worten wie z.B. „*Mama*", „*Papa*", „*Ball*"
	-Joint Attention (gemeinsame Aufmerksamkeit) ist möglich
	-Personalisierte Wörter wie „*ja*", „*nein*", „*hallo*" und relationale Wörter wie „*da*", „*auch*", „*auf*", „*weg*" werden verwendet
	-Äußerungen nach Wünschen und Bedürfnissen werden mit Gesten unterstützt
	-Erste Aufforderungen werden befolgt und auf einfache Fragen wie „*Wo ist?*" geantwortet / reagiert
	Sprachliche Entwicklung → (12 Monate bis 6 Jahre)
12 bis 18 Monate	-Der Wortschatz nimmt stetig zu.
	-Fast Mapping → Neue Wörter werden schnell abgespeichert
	-Es werden etwa 100 bis 150 Wörter verstanden und etwa 20 bis 30 Wörter produziert
	-Das Kind zeigt Interesse für die Sprache der Erwachsenen
	-Das Wortverständnis verbessert sich → Schlüsselwortstrategie (Kind nutzt zum Verständnis Gestik und Mimik, die das Gesagte begleiten)

	-Möglichkeit von Überdehnungen: Hund = alle Vierbeiner und Unterdehnungen: Hund = ein einziger bestimmter Hund
	-Zielgerichtetes Bilden von Lauten beim Erzeugen von Wörtern
	-Wortschatz von bis zu 20 Wörtern
	-Bilden von Einwortsätzen, dabei Verwendung von Substantiven und wenigen Verben in ungebeugter Form + „das" oder „da", um auf etwas zu zeigen
bis 24 Monate / 2 Jahre	-Beginn des 1. Fragealters
	-Bilden von Wortkategorien
	-Der passive Wortschatz ist dem Aktiven weit voraus
	-Das Kind bildet jetzt auch vordere Plosive und Nasale, vermehrt Frikative und hintere Laute → es können also insgesamt immer mehr Laute gesprochen werden
	-Zum Teil ist die Artikulation noch undeutlich, für Bezugspersonen jedoch verständlich
	-Zum Teil Vereinfachungen und Fehlbildung des s – Lautes
	-passiver Wortschatz ca. 200 Wörter
	-aktiver Wortschatz 20-50 Wörter, ab Erreichen der sog. 50 – Wörter – Schranke nimmt der Wortschatz explosionsartig zu (mit etwa 18 Monaten) → Einsetzen der so genannten Wortschatzexplosion

	-Der Wortschatz besteht hauptsächlich aus Substantiven aus dem Lebensumfeld des Kindes, Funktionswörtern und einigen Verben -Mehrwortsätze sind möglich → z.B. *„Papa Ball holen."* -Verstehen von Relationen und Wortordnungen -Verständnis: Wörter bezeichnen nicht nur Gegenstände, sondern sagen auch etwas über sie aus → z.B. Adjektive *„gelbe Banane"* -Anwendung der Verbendstellung → z.B. *„Hund da laufen."* -Anwendung des Genitiv - „s" → *„Mamas Hut"* -Das Kind spricht Personen z.B. mit Namen gezielt an -Das Kind bildet Zweiwortsätze in der Infinitivform wie z.B. *„Ball rollen."* -Der Wortschatz umfasst bald auch Adjektive und Possessivpronomen wie z.B. *„mein"*, *„dein"* -Der Plural wird durch Generalisieren des „s" gebildet (z.B. *„Autos"*, aber auch *„Treckers"*) -Verwendung simpler Negationen (*„Nicht haben"*) -Das erste Fragealter ist durch Fragen mit Hilfe aufsteigender Tongebung charakterisiert
bis 3 Jahre	-Das zweite Fragealter beginnt → Das Kind stellt vor allem Fragen zur Wissenserweiterung und verwendet Fragewörter

-Erstes korrektes Benennen von Farben

-Das Kind versucht zunehmend komplexe Sätze zu bilden

-Einstieg in die Regelableitung in der Grammatik

-Freude an Reimen und Liedern

-Verständnis von Ansprache auf ähnlichem / kindlichem Niveau

-Probleme z.T. noch mit dem Verständnis von:

> Gegensätzen

> Steigerungen / feineren Unterscheidungen

> Fremdwörtern

> komplexen Sätzen

-Verständnis von kombinierten Aufträgen (*„Stelle das Glas auf den Tisch!"*) und einfachen Präpositionen wie z.B. *„auf"* und *„unter"*

-allgemein deutlichere Artikulation

-Zum Teil noch Probleme bei der Artikulation von Anlautverbindungen wie *kr, tr, pl, pfl*

-Alle Einzellaute werden schließlich korrekt gesprochen, bei Zischlauten *s, sch, ch* kann es noch Artikulationsprobleme geben

-Auch Fremde können das Kind gut verstehen

	-Rasante Vergrößerung des Vokabulars auf etwa 450 Wörter mit 2,5 Jahren -Gebrauch unter Anderem von: Verben, Adjektiven, Adverbien, Artikeln, Präpositionen, Personalpronomen, Farbnamen -Kuriose Wortschöpfungen („*Bodenputzer*" → Staubsauger) -Das Kind kann einfache, grammatisch korrekte Aussagesätze formulieren -Bilden erster Nebensätze, oft mit „*weil*" → „*Ich bin müde, weil ich früh aufstehen musste*" -Die Zweitstellung des Verbes wird erworben → „*Paul malt ein Bild.*" -Oft auch zufällig richtige Anwendung grammatischer Regeln -Bilden von Vergangenheitsformen mit Hilfsverben → „*Gestern war ich krank.*" -Das Kind bildet korrekte Fragesätze in verschiedenen Formen → „*Hast du Durst?*", „*Bin ich jetzt dran?*", „*Ob wir draußen spielen dürfen?*" -Das Kind kann Silben trennen, jedoch geschieht dieses über das sinnliche Erleben und noch nicht über bewusstes Reflektieren -Das Kind versteht situationsabhängig etwa 2.000 Wörter

	-Das Turn – Taking (Abwechseln der Sprecherrolle) wird als Regel erworben
	-Beginn, Fehler in eigenen Äußerungen zu korrigieren
bis 4 Jahre	-Höhepunkt des zweiten Fragealters
	-Das Kind singt Lieder und spricht Verse
	-Mehrschrittige Anweisungen werden verstanden und umgesetzt → *„ Gehe bitte zu dem Regal und hole ein Buch!"*
	-Die Lautbildung ist abgeschlossen. Ausnahmen können noch schwierige Konsonantenverbindungen wie z.B. *pfl* oder *kr* sowie Zischlaute sein.
	-In diesem Alter können entwicklungsbedingte Sprechunflüssigkeiten wie z.B. Stottern auftreten
	-Der Wortschatz nimmt weiter rapide zu, komplexere Präpositionen (z.B. *„zwischen"*) werden korrekt angewandt und Farben differenziert benannt (z.B. *„dunkelrot"*)
	-Die Gegenstände aus dem Alltag des Kindes können benannt werden
	-Das Kind kann grammatikalisch korrekte Sätze mit 5 bis 6 Wörtern bilden
	-Es werden Haupt- und Nebensätze gebildet und dabei die Zweit- bzw. Endstellung des Verbes berücksichtigt
	-Die Begriffe von Vergangenheit, Gegenwart und Zukunft wird verstanden, die sprachliche Umsetzung gelingt zum Teil noch nicht korrekt

	-korrekte Flexion der regelmäßigen Verben
	-Sprache ist Gegenstand des Denkens: Das Kind kommentiert Wörter und fragt nach Wortbedeutungen. Es spielt mit Sprache z.B. durch Erfinden von Nonsenswörtern wie z.B. *„Zeppenklepp"* für das Wort *„Regal"*. Das Kind erkennt den Unterschied zwischen Annahmen, Gedanken und tatsächlichen Sachverhalten.
	-Beginn der metasprachlichen Bewusstheit mit etwa 48 Monaten
	-Subjekt und Verb werden zusammen markiert → *„Ich gehe"*, *„Du gehst"*
	-Das regelmäßige Partizip kann gebildet werden. Oft wird statt der unregelmäßigen noch die regelmäßige Form verwendet (z.B. *„gelauft"*)
	-Die Perspektive des Zuhörers kann eingenommen und sich in andere hineinversetzt werden
	-Das Kind wendet Strategien an, um ein Gespräch aufrecht zu erhalten, wie z.B. das Nachfragen
bis 5 Jahre	-Artikulation und Grammatik sind nahezu fehlerfrei
	-Bei der Lautbildung können der s – Laut und das „*sch"* jedoch noch Schwierigkeiten machen
	-Das Kind teilt sich durch längere und zusammenhängende Äußerungen mit
	-Das Kind versteht dreischrittige Arbeitsanweisungen und setzt diese korrekt um
	-Der Wortschatz umfasst bis zu 8.000 Wörter

	-Das Kind beginnt, abstrakte Bezeichnungen wie *„Freude"* oder *„Trauer"* zu verwenden
	-Das Kind verwendet übergeordnete Klassifizierungen wie z.B. für Tiere
	-Vereinzelte Unsicherheiten in der Grammatik können noch bei Fragen, Verneinungen und dem Passiv auftreten
	-Korrekte Verwendung des Plural, der Artikel und unterschiedlicher Zeitformen
	-Fragen entstehen aus dem inneren Denken und nicht aus dem Hier und Jetzt heraus
	-Erste Schemata von Geschichten entstehen, Geschichten werden emotional bewertet und wesentliche Aspekte benannt
bis 6 Jahre	-Am Ende des sechsten Lebensjahres ist die Sprachentwicklung nahezu abgeschlossen
	-Das Kind spricht fließend, nahezu fehlerfrei und automatisiert
	-Kommunikationsregeln können angewandt werden, die alltägliche kindliche Kommunikation gelingt
	-Das Text- und Aufgabenverständnis ist ausgeprägt
	-Das Kind kann sich zu Sachverhalten äußern
	-Der Wortschatz vergrößert sich weiter, somit kann sich das Kind immer detaillierter ausdrücken

	-Die Grammatik wird ebenfalls nahezu komplett beherrscht. Schwierigkeiten bereiten noch komplexere Konstruktionen wie z.B. das Passiv und der Konjunktiv
	-Das Kind kann Geschichten sinngemäß nacherzählen
	-Metasprache und Metakommunikation sind weiter ausgebildet
	-Sprechhandlungen sind bewusst: Das Kind tut z.B. so, als würde es lügen, sich beschweren oder jemandem etwas erlauben
	-Das Kind versteht ca. 9.000 bis 14.000 Wörter und verwendet ca. 3.000 bis 9.000 Wörter

Zum Inhalt der Tabelle vgl. Görisch 2015 ; Jahn, 2015 ; Wendtland 2011 und Grimm 2003.

BORCHERDING (vgl. Borcherding 2010, 16) führt folgende Checkliste an, welche Schritte des Spracherwerbes mit Erreichen der Schulreife erlangt sein sollten. Hiernach kann ein schulreifes Kind:

➢ alle Laute fehlerfrei aussprechen.

➢ deutlich und gut verständlich sprechen.

➢ ganze Sätze und komplexe Satzgebilde bilden.

➢ die Grammatik korrekt anwenden, z.B. in Form von Konjunktionen, Präpositionen, Steigerungen, Flexionen etc. .

➢ Erlebnisse zeitlich einordnen.

➢ zusammenhängend und nahezu fehlerfrei erzählen.

- von sich, eigenen Gedanken und Gefühlen erzählen.

- Fragen stellen und Fragewörter richtig verwenden.

- zuhören und sich Dinge und Namen merken.

- sich am Gespräch anderer Kinder beteiligen.

- Spiel- und Handlungsanweisungen verstehen und ausführen.

- Wörter in Silben zerlegen und Reime bilden.

Nach Kügerl 2006, 73 sollten folgende wichtige Gesprächsregeln bei Schuleintritt beherrscht werden:

- Ich grüße, wenn ich den Raum betrete oder Bekannte treffe.

- Ich verabschiede mich, wenn ich weggehe.

- Ich frage, bevor ich etwas nehme.

- Ich sage „bitte", wenn ich etwas möchte.

- Ich bedanke mich, wenn ich etwas bekommen habe. Es muss nicht überschwänglich sein.

2.9 Die an das Kind gerichtete Sprache (KGS)

Viele Wissenschaftler gehen davon aus, dass Erwachsene in unserem Kulturkreis eine systematisch vereinfachte Sprache an kleinere Kinder richten. Diese wird als „an das Kind gerichtete Sprache" (KGS), im englischen Sprachraum „Child directed speech" (CDS) bezeichnet und hat hauptsächlich die Funktion, dem Kind das Hören und Verstehen von Sprache zu erleichtern.

Die an das Kind gerichtete Sprache verändert sich in ihrer Gestalt im Verlaufe der ersten drei Lebensjahre des Kindes und wird etwa bis zum Alter von drei Jahren - also im sehr frühen Spracherwerb - gegenüber dem Kind angewendet (vgl. Mittler 2006, 24 und vgl. Beckerle 2017, 49 und vgl. Rodrian 2009, 18):

➤ Geburt bis zum Alter von 12 Monaten: Primäre Bezugspersonen sprechen in diesem Zeitraum häufig in der so genannten Ammensprache (Baby Talk) mit dem Kind. Der Schwerpunkt liegt auf Lauten und Sprachmelodie (Phonologie und Prosodie). Merkmale sind eine überzogene Intonationsstruktur, hoher Tonfall, lange Pausen an Phrasenstrukturgrenzen, einfache, klare Sätze und ein Aufrechterhalten der Kommunikation durch die primären Bezugspersonen. Die Funktion der KGS ist hier die Spracherkennung.

➤ Das 2. Lebensjahr: Hier wird von den primären Bezugspersonen gegenüber dem Kind die so genannte stützende Sprache (Scaffolding) verwendet. Ihr Schwerpunkt ist die Wortschatzerweiterung und sie beinhaltet einen gemeinsamen Aufmerksamkeitsfokus, Routinen und Worteinführungen. Das Kind erhält nun deutlich mehr Anteile am gemeinsamen Dialog. Die Funktion der KGS ist nun die Spracheinführung im Dialog.

Die Bezugsperson nutzt beim Scaffolding meist folgende Techniken (vgl. Beci 2019, 58):

> -Sie lenkt ihre Aufmerksamkeit auf die gleichen Gegenstände wie das Kind und benennt diese.
> -Sie wiederholt neu erworbene Wörter und oft verwendete Kommunikationsmuster des Kindes häufig, damit sich diese besser im Gedächtnis des Kindes verankern.
> -Sie nimmt z.B. durch auf die Knie gehen die Sichtperspektive des Kindes ein und sieht somit, was das Kind sieht und kann besser nachfühlen, was es bewegt. Dieses kann sie dem Kind gegenüber dann in Worten ausdrücken.

➢ Ab dem 3. Lebensjahr: Es beginnt die Zeit der lehrenden Sprache (motherese). Der Schwerpunkt liegt nun auf der Grammatik. Die primäre Bezugsperson regt die Sprache des Kindes besonders durch Fragen an. Die KGS hat nun eine sprachlehrende und sprachanregende Funktion.

Neben dem soeben beschriebenen zeitlichen Rahmen mit den jeweils wichtigsten Merkmalen sind verallgemeinert folgende weitere wichtige und häufig auftretende, charakteristische Merkmale der KGS zu nennen:

> langsame, sehr deutliche Aussprache, sehr melodische Intonation (vgl. Rüter 2004, 29 und vgl. Szagun 2013, 232)
> hohe Stimmlage
> viele Inhaltswörter (Nomen, Verben), welche den Wortschatz vereinfachen
> Bezug zur Gegenwart, nur wenige Vergangenheitsformen (vgl. Kaletsch 2013, 32)
> niedrige Komplexität der Sätze, häufig auch Einwortäußerungen
> viele Fragen und Aufforderungen
> viele Wiederholungen, auch inhaltlicher Natur
> Gespräche mit dem Kind handeln häufig von Handlungen in der Gegenwart, sind also in einen situativen Kontext eingebunden
> erhöhte Kombination von Sprache und Lachen → speech laughs (vgl. Szagun 2013, 236)
> KGS reguliert die Gefühle des Babys (vgl. Szagun 2007, 22)
> KGS ist kein Sprachunterricht, sondern rein intuitiv (vgl. Rüter 2004, 30)

Die soeben genannten spezifischen Merkmale der KGS werden häufig auch gegenüber Haustieren, alten Menschen, Kranken und Menschen mit Migrationshintergrund angewendet. Dabei scheinen die Sprachpartner davon auszugehen, dass ihr Gegenüber über mangelnde sprachliche Kenntnisse verfügt und die an ihn gerichtete Sprache ohne Anpassung nicht verstehen würde (vgl. Szagun 2013,

236). Darüber hinaus sprechen auch Kinder zu kleineren Kindern unter Verwendung von Merkmalen der KGS.

Der Bogen von der KGS zu den folgenden allgemeineren Ausführungen zu Bedeutung und Einflussmöglichkeiten der primären Bezugspersonen mit ihrem sprachlichen Input an das Kind lässt sich schlagen, wenn man auch zu diesem Aspekt die Literatur- und Forschungslage zur Wirksamkeit betrachtet, welche sehr unterschiedliche Ergebnisse bereithält (vgl. ebenda, 242).

Zunächst ist festzustellen, dass eine spezielle an kleine Kinder gerichtete Sprache nicht in allen Sprachen und Kulturen der Welt vorhanden ist. Hier ist unter anderem auch das Bild von Kindern und Kindheit in der jeweiligen Kultur entscheidend (vgl. Szagun 2007, 157). In einigen Kulturen wird mit Kindern z. B. wie mit Erwachsenen gesprochen (vgl. Rüter 2004, 31) oder der Spracherwerb damit erklärt und unterstützt, dass Kinder dort in großen Gesellschaften leben und viel Sprache hören, was eine spezielle KGS quasi unnötig macht. Hier ist keine KGS entstanden, weil sie eben nicht gebraucht wurde (vgl. ebenda, 35). Trotzdem gelingt es den meisten Kindern in allen Kulturen der Welt, ihre jeweilige Muttersprache zu erlernen. Daraus entsteht die Feststellung, dass eine KGS für den Spracherwerb nicht zwingend erforderlich zu sein scheint. Es existieren umgekehrt jedoch keinerlei Hinweise auf eine schädliche Auswirkung von KGS auf den kindlichen Spracherwerb (vgl. Meyer, Jungheim & Ptok 2011, 1130). Trotz der nicht zwingenden Notwendigkeit ist es jedoch durchaus möglich, dass KGS den Spracherwerb positiv beeinflussen kann. Dieses könnte z.B. nicht nur den normalen, sondern auch einen gestörten Spracherwerb betreffen, der durch die Anwendung von KGS erleichtert und verbessert werden könnte (vgl. Szagun 2013, 241).

Auch weitere Autoren betonen, dass nur wenige Effekte der KGS auf den Spracherwerb nachweisbar sind (vgl. Rüter 2004, 31) und noch nicht abschließend geklärt ist, ob KGS die Sprachentwicklung eher fördert oder sogar behindert (vgl. Liebhart 2008, 125). Zudem wird die Möglichkeit angeführt, dass KGS nicht in besonderer Weise förderlich sein, sondern die Funktion einer Erleichterungstechnik im Spracherwerb einnehmen könnte. Dieses unterstreicht die häufige These, dass die KGS nicht zwingend erforderlich ist, jedoch durchaus förderlich für die Sprachentwicklung sein kann.

2.10 Einflüsse der primären Bezugspersonen

Wenn es in diesem Buch um Hinweise und Anleitungen gehen soll, wie primäre Bezugsperson günstige Bedingungen für den kindlichen Spracherwerb schaffen können, muss – wie bereits begonnen - zunächst geklärt werden, ob sie überhaupt Einflussmöglichkeiten in diesem Bereich haben. Nach umfangreicher Recherche der vorliegenden Literatur lässt sich feststellen, dass der Grad des möglichen Einflusses vor allem auch aus Sicht des Aspektes der an das Kind gerichteten Sprache wie beschrieben umstritten und die aktuelle Forschungslage durchaus auch als limitiert zu bezeichnen ist.

Relativ unumstritten ist die Tatsache, dass der kindliche Spracherwerb ein Produkt aus Anlage, Umwelt und der Aktivität des Kindes ist (vgl. Baumgartner 2008, 73). Sprache lässt sich also nicht in Isolation oder durch das alleinige Konsumieren von Medien wie z. B. dem Fernsehen, sondern nur in (sozialer) Interaktion mit anderen Menschen erwerben. Das Kind erhält durch seine Umgebung - vorwiegend von den Eltern, die zu dem Kreis der primären Bezugspersonen zählen (vgl. Rüter 2004, 29) - einen sprachlichen Input, den es für seinen Spracherwerb nutzt. Somit hat die Umgebungssprache sowie deren Quantität und noch mehr ihre Qualität eine hohe Relevanz im kindlichen Spracherwerb (vgl. Baumgartner 2008, 74).

Das Kind ist in der Lage, den ihn erreichenden sprachlichen Input in Abhängigkeit von seinen sprachlichen und intellektuellen Fähigkeiten, Lernbedürfnissen, Motivation, Temperament, Weltwissen, Aufmerksamkeit und seiner Wahrnehmungs- und Merkfähigkeit für seinen Spracherwerb zu nutzen (vgl. Dannenbauer in: Baumgartner & Füssenich 2002, 116). Es filtert aus dem Input jeweils das heraus, was es für die Weiterentwicklung seiner sprachlichen Fähigkeiten gerade braucht. Mit fortschreitendem Spracherwerb nimmt dann auch die Komplexität des Inputs, der verarbeitet und genutzt werden kann, zu.

Das Interaktionsverhalten der Eltern bzw. primären Bezugspersonen basiert auf einer so genannten intuitiven (also unbewusst geleiteten) Didaktik mit naiven Sprachlehrstrategien, nach denen die Eltern sprachförderlich mit ihrem Kind interagieren (vgl. Ritterfeld 2000, 80 und vgl. Otto 2000, 258 und vgl. Siegert & Ritterfeld 2000, 37).

Wie gut ein Kind die Umgebungssprache für seinen Spracherwerb nutzen kann, hängt auch von deren Beschaffenheit ab: Enthält der Input viele und möglichst korrekte sprachliche Informationen? Ist er auf den Entwicklungsstand des Kindes abgestimmt? Hier haben primäre Bezugspersonen z. B. die Möglichkeit, ihre Sprache an das Kind bewusst zu gestalten und anregend, korrigierend und verstärkend bewusst günstigen Einfluss zu nehmen. Sie können den Spracherwerb somit von außen begünstigen (vgl. Baumgartner 2008, 75). Damit können sie aktiv ein kommunikatives Unterstützungssystem und einen möglichst entwicklungsanregenden Rahmen für den Spracherwerb schaffen.

Somit entstand mit Bezug auf den Aspekt der Prävention auch die Idee, präventive Maßnahmen nicht beim Kind, sondern bei seinen primären Bezugspersonen anzusetzen, die für den sprachlichen Input verantwortlich sind, den das Kind erhält (vgl. Ritterfeld 2000, 82).

Nach den eben beschriebenen Grundlagen sollen im Folgenden verschiedene Autorensichten zu Erkenntnissen über mögliche Einflüsse von primären Bezugspersonen (von den Autoren wird hier meist der Begriff „Eltern" verwendet und übernommen) auf den kindlichen Spracherwerb dargestellt werden. Hier werden möglichst viele zusammengetragene Aspekte genannt, jedoch vor allem bei

Wiederholungen auch eine Auswahl getroffen. Oft stimmen mehrere Autoren in dem gleichen Aspekt in ihrer Sicht überein.

IVEN betont, dass die Eltern bzw. primäre Bezugspersonen die besten Experten für die Sprachentwicklung eines Kindes seien, da sie die bisherige Entwicklung, Stärken, Schwächen, Vorlieben und Abneigungen des Kindes kennen und zudem im Bilde über die Alltagsgestaltung der Familie seien (vgl. Iven 2016, 174).

KANY & SCHEIB ergänzen hierzu Studienergebnisse, nach denen Eltern vielfältige und sehr differenzierte Vorstellungen vom kindlichen Spracherwerb und auch ihren Einflussmöglichkeiten darauf haben (vgl. Kany & Scheib 2000, 4).

MOTSCH fordert, dass der soziale Alltagskontakt des Kindes mit den Eltern als spracherwerbswirksam ernst genommen werden muss. Ein wichtiges Ziel sei es, Eltern dazu zu befähigen, in ihren alltäglichen Kontakten mit dem Kind ein spracherwerbsförderliches Verhalten zu zeigen (vgl. Motsch 2010, 127).

JUNGMANN & ALBERS weisen darauf hin, dass die Reaktionen primärer Bezugspersonen auf das sprachliche Verhalten des Kindes innerhalb von nur 200 bis 600 Millisekunden erfolgen. Damit sei bewiesen, dass diese Reaktionen nicht auf bewussten Entscheidungen beruhen können. Jedoch sei es durchaus möglich, primäre Bezugspersonen zu einem bewussten sprachförderlichen Verhalten gegenüber dem Kind anzuleiten (vgl. Jungmann & Albers 2013, 52). Die Autoren betonen zur Einflussnahme auf den kindlichen Spracherwerb auch die hohe Bedeutung der Peer - Group, welche dem Kind ebenfalls einen wichtigen sprachlichen Input biete. Das Kind lerne in Kontakt mit seinen Altersgenossen und außerfamiliären Kontakten, Bedürfnisse und Ziele sprachlich auszudrücken, abzustimmen, durchzusetzen, auszuhandeln, sich in andere hineinzuversetzen, Kontakte zu initiieren und aufrecht zu erhalten und im Spiel die Spielprozesse mit anderen Kindern zu koordinieren. Es erweitere also seine sprachlichen und kommunikativen Kompetenzen. Es sei zudem empirisch nachgewiesen, dass die Sprachkompetenz innerhalb der Peer - Group einen signifikanten Einfluss auf die individuellen Spracherwerbsverläufe der Kinder hat (vgl. ebenda). Schon im Alter von drei Jahren zeigen Kinder eine hohe Sensitivität für die Sprache anderer und suchen sich ihre Interaktionspartner in Abhängigkeit von deren und den eigenen sprachlichen und kommunikativen Fähigkeiten aus (vgl. ebenda, 70).

RODRIAN verweist ebenfalls auf eine nachgewiesene Abhängigkeit zwischen den frühen Interaktionsqualitäten und dem Sprachentwicklungsstand im Alter von drei Jahren (vgl. Rodrian 2009, 15).

RITTERFELD und WIRTS & GLÜCK betonen auch einen unbestrittenen Zusammenhang zwischen dem Input primärer Bezugspersonen und dem kindlichen Spracherwerb sowohl in positiver, als auch in negativer Hinsicht (vgl. Ritterfeld 2000, 80 und vgl. Wirts & Glück 2015, 20).

SIEGERT & RITTERFELD und GRIMM gehen auf das Problem
der Sprachentwicklungsstörungen ein und stellen fest, dass diese
durch den Input der primären Bezugspersonen weder alleine
hervorgerufen noch alleine verhindert werden können. Jedoch
äußern sie auch die Hoffnung auf eine mögliche kompensatorische,
positive Wirkung, da die positive Wirkung einer optimierten
Elternsprache erwiesen sei (vgl. Siegert & Ritterfeld 2000, 42 und
vgl. Grimm 1994, 37).

BRUNER erklärt, dass ein gelungener Spracherwerb nicht eine
alleinige Leistung des Kindes, sondern eine gemeinsame Leistung
des Kindes und seiner frühen Interaktionspartner sei (vgl. Bruner
2002, 15).

SCHELLHORN verweist in dem Zusammenhang des Einflusses von
Eltern auf den kindlichen Spracherwerb auf den Aspekt der Ko -
Konstruktionen (engl. Scaffolding, Technik des Sprachgerüstes), bei
dem das Kind Äußerungen in Zusammenarbeit mit seinem
Gesprächspartner konstruiert. Das Kind lerne hier am Modell und
übernehme unter Umständen auch Äußerungen der Bezugspersonen
in die eigene Sprachproduktion (vgl. Schellhorn 2014, 10).

KLANN - DELIUS betont erneut, dass Sprache nur in Interaktion
erworben werden könne, das Kind hier also von seinen primären
Bezugspersonen abhängig sei. Das Kind erwerbe damit alle Aspekte,
die nicht in den Anlagen prädisponiert sind. Dabei seien auch
vorsprachliche Austauschprozesse zwischen Kind und primären
Bezugspersonen wichtig (vgl. Klann - Delius 2016, 144). Zudem
wird der Aspekt des Verwendens von Modellierungstechniken

thematisiert: Diese seien einerseits umstritten, andererseits existieren jedoch Belege, dass besonders das korrektive Feedback die Fähigkeiten des Kindes im Bereich der Grammatik fördert (vgl. ebenda, 169).

Besonders im Bereich des Grammatikerwerbes zeigt sich einerseits ein Problem des Inputs, andererseits jedoch auch, dass dieser für den Spracherwerb unbedingt erforderlich ist: Das Problem im Grammatikerwerb ist, dass das Kind nicht alle Formen aus dem Input entnehmen und daraus z.B. alle Vergangenheitsformen der Verben auswendig lernen kann. Somit reicht der Input zum Spracherwerb alleine nicht aus. Das Kind gelangt stattdessen nach einer bestimmten Menge an Input zur Ableitung von Regeln, die es dann auch auf Formen anwenden kann, die es zuvor noch nie gehört hat. Unregelmäßigkeiten und andere Ausnahmen müssen dann noch gelernt werden. Hinzu kommt außerdem das Problem, dass der von der Umgebung gegebene Input nicht immer zwangsweise fehlerfrei ist. Andererseits ist jedoch ein systematischer, didaktisch aufbereiteter Spracherwerb auch nicht erforderlich, da das Kind trotz möglicherweise nicht perfektem Input zu richtigen Ergebnissen und dem Fortschreiten im Spracherwerb kommt.

DITTMANN stellt ebenfalls die Frage, ob eine bewusst angewandte lehrende Sprache gegenüber dem Kind neben dem erwiesenen Nutzen auch zwingend erforderlich ist. Kinder bedürfen weder einer großen Menge, noch besonders guter Qualität des Inputs, um ihre Muttersprache in den Grundzügen zu erlernen (vgl. Dittmann 2010, 61). Jedoch sei der Anspruch natürlich weit höher, als den Spracherwerb nur in Grundzügen zu vollziehen.

MESSER sieht keinen gesicherten empirischen Zusammenhang zwischen Input und dem Gelingen des kindlichen Spracherwerbes (vgl. Messer 2006, 111). Jedoch ist hier anzumerken, dass das, was nicht zwingend notwendig ist, dennoch durchaus förderlich sein kann. Es wird davon ausgegangen, dass Kinder durch ihre Interaktionspartner eine große Menge an Informationen über und Reaktionen auf ihre Äußerungen bekommen müssen, um später erkennen zu können, ob eine einzelne Äußerung von ihnen sprachlich korrekt ist oder nicht (vgl. ebenda, 112). Aktuell gebe es jedoch keinen wissenschaftlich gesicherten Beleg, wie groß der Einfluss von Kommunikation auf den kindlichen Spracherwerb tatsächlich ist.

POLLERT misst der Quantität und Qualität des an das Kind gerichteten Inputs eine wesentliche Bedeutung für den Spracherwerb zu (vgl. Pollert 2013, 24). Dabei helfe ein entwicklungsangemessener Input beim Erwerb grammatischer Regeln, obwohl er von den Bezugspersonen primär zum Aufrechterhalten der Kommunikation eingesetzt werde (vgl. ebenda, 54).

DANNENBAUER weist darauf hin, dass die Wirksamkeit von Prävention zum Verhindern einer Sprachentwicklungsstörung noch wenig erforscht sei. Es gebe jedoch durchaus Anzeichen, dass ein positiver Einfluss möglich ist und zumindest dem Ausprägungsgrad der sprachlichen Auffälligkeiten entgegengewirkt werden könne (vgl. Dannenbauer 2001, 106 und 108).

HANSEN definiert den von primären Bezugspersonen vermittelten Input als „conditio sine qua non" (notwendige Bedingung) für den kindlichen Spracherwerb, welcher ohne eben diesen von den primären Bezugspersonen intuitiv angemessen gestalteten Input nicht möglich sei (vgl. Hansen 2003, 43). Je nach soziokulturellen, familiären, kommunikativen und situativen Bedingungen könne der Input an das Kind sehr unterschiedlich sein. Dieses betreffe auch dessen Quantität. Trotzdem erlernen alle Kinder letztendlich ihre Muttersprache (vgl. ebenda, 45). Besonders wenn man die verschiedenen Sprachebenen betrachte, verhielten sich Kinder zum Teil sprachlich völlig anders, als dieses aufgrund des erhaltenen Inputs zu erwarten wäre, was auf eine eher den Spracherwerb auslösende als bestimmende Funktion des Inputs verweise (vgl. ebenda). Fraglich bleibe in Bezug auf den Einfluss des sprachlichen Inputs auf den kindlichen Spracherwerb der Zusammenhang, ob sich die primären Bezugspersonen intuitiv an die Entwicklungsschritte des Kindes anpassen oder ob die Entwicklungsschritte sich erst aufgrund eines zuvor veränderten Inputs gegenüber dem Kind vollziehen und eine Weiterentwicklung somit erst ermöglicht wird (vgl. ebenda, 46). Diese Frage zu klären wäre wiederum für eine Beurteilung der Möglichkeiten von Prävention und primärer Prävention erforderlich und interessant.

VON SUCHODOLETZ geht auf den Aspekt des Einflusses primärer Bezugspersonen im Zusammenhang mit Fremdbetreuung des Kindes in einer Krippe (U3 Gruppe) ein. Hier verweist er auf einen grundsätzlich deutlich höheren Einfluss der primären Bezugspersonen im Gegensatz zu dem der Bezugspersonen in der Krippe. Dabei sei jedoch zu beachten, dass es auch auf die Qualität der Krippenbetreuung ankomme und eher weniger darauf, ab welchem Alter und wie viele Stunden am Tag die Einrichtung besucht werde. Eine Grundvoraussetzung, um einen positiven Einfluss nehmen zu können, sei jedoch auch, dass sich die primären Bezugspersonen ausreichend Zeit außerhalb der Fremdbetreuung für das Kind nehmen bzw. gemeinsame Zeit intensiv nutzen. Hierbei komme es nicht auf die Länge der gemeinsamen Zeit an, sondern wie diese genutzt werde (vgl. von Suchodoletz 2013, 51).

Es zeigt sich, dass nach dem aktuellen wissenschaftlichen Stand weder mögliche positive, noch negative Einflüsse des von primären Bezugspersonen an das Kind gegebenen Input auf den kindlichen Spracherwerb endgültig und gesichert nachgewiesen werden konnten. Dabei wird die Möglichkeit einer negativen Einflussnahme nur selten überhaupt erwähnt. Betont wird außerdem, dass bei Auftreten einer Sprachentwicklungsstörung nie die Gestalt des Inputs alleine dafür verantwortlich sein kann, was primäre Bezugspersonen, die sich bewusst mit ihrem spracherwerbsförderlichen Verhalten gegenüber dem Kind auseinandersetzen, beruhigen sollte in der Angst „etwas unbewusst kaputtmachen zu können". Zu dem Aspekt der Sprachentwicklungsstörungen wird außerdem mehrmals angemerkt, dass ein optimierter sprachlicher Input deren Auftreten zwar nicht verhindern, jedoch durchaus den Grad der Ausprägung und Folgen abmildern kann.

SCHULTE – MÄTER geht in ihrem Ratgeber zu der Sprachentwicklungsstörung der verbalen Entwicklungsdyspraxie sehr deutlich auf den soeben genannten Aspekt ein. Ihre Aussagen lassen sich durchaus für weitere mögliche Sprachentwicklungsstörungen verallgemeinern und seien an dieser Stelle zitiert:

„Es ist jedoch absolut auszuschließen, dass zu den Ursachen, die zu einer Verbalen Entwicklungsdyspraxie führen, das ‚schlechte‘ Sprachvorbild der Eltern gehört. Auch wenn in einer Familie kaum vorgelesen, gesungen oder gereimt wird, so ist das noch lange kein Auslöser für eine Sprachentwicklungsstörung. Wir wissen im Gegenteil, dass Kinder, die in einer Umgebung aufwachsen, die ihnen nur ein unzureichendes Sprachangebot bietet, trotzdem gut sprechen lernen können und ihr Sprachvermögen sogar komplexer und ausgereifter sein kann als das ihres Umfeldes.“ (Schulte – Mäter 2018, 28)

„[...], dass keinesfalls die Bezugspersonen an der Sprachentwicklungsstörung eines Kindes schuld sind – wenn sie weitgehend ‚normal‘ mit dem Kind über Sprache kommunizieren. Dass es allerdings Möglichkeiten für Eltern gibt, den Spracherwerb ihres Kindes positiv zu beeinflussen und die sprachtherapeutische Behandlung zu unterstützen, soll mit obigen Ausführungen keinesfalls infrage gestellt werden.“ (Schulte – Mäter 2018, 29)

Bezogen auf die Ausgangslage und die inhaltliche Ausrichtung dieses Buches wird davon ausgegangen, dass eine positive Einflussnahme durch bewusstes sprachförderliches Verhalten von primären Bezugspersonen auf den kindlichen Spracherwerb durchaus möglich und wirksam sein kann. Das Risiko einer Verschlechterung der Sprachentwicklung oder der Bedingungen für den Spracherwerb ist dabei als eher gering und mit gutem Gewissen zu vernachlässigen anzusehen. Aus den dargestellten Erkenntnissen und genannten Gründen ist es eher problematisch, nichts zu tun. Ergänzt sei an dieser Stelle auch, dass primäre Bezugspersonen in der Regel bereits intuitiv und unbewusst ein erhebliches Maß dazu beitragen, mit ihrem (sprachlichen) Verhalten gegenüber dem Kind dessen Spracherwerb zu fördern.

3.Ideensammlung zum spracherwerbsförderlichen Verhalten primärer Bezugspersonen

In diesem Kapitel soll eine sehr umfangreiche Sammlung an Hinweisen für spracherwerbsförderndes Verhalten primärer Bezugspersonen – also für Sie – dargestellt werden.

Zur besseren Übersicht und dem schnelleren Finden von gewünschten Informationen und Themen sind die Anregungen thematisch geordnet. Die Reihenfolge der Themenbereiche sowie auch die Anordnung der Einzeltipps eines Themas sagen dabei nichts über die Wichtigkeit der einzelnen Tipps oder eine erforderliche Reihenfolge von deren Anwendung aus, sind also nicht hierarchisch geordnet.

Bei der Zusammenstellung wurde angestrebt Dopplungen zu vermeiden, jedoch können einige Aspekte bei mehreren Themen von großer Bedeutung sein und werden somit mehrfach aufgeführt.

Zum besseren Verständnis wurde versucht, die Erklärungen an angebrachter Stelle durch anschauliche Beispiele („Ankerbeispiele") zu ergänzen. Sie sollen erleichtern, Handlungen für den eigenen Alltag abzuleiten. In den hier ausgeführten Dialogen sind die Äußerungen der Bezugsperson und die des Kindes stets mit „B" und „K" gekennzeichnet.

Die Liste der Tipps und Anregungen soll wie zu Beginn dieses Buches beschrieben dazu beitragen, die Kompetenz von Ihnen als primäre Bezugsperson im sprachlichen Umgang mit Ihrem Kind zu stärken und zu erweitern. Dabei geht es nicht um eine Art „Ausbildung" zum Sprachtherapeuten, sondern um eine

Sensibilisierung dafür, wie Sie Ihrem Kind ganz konkret im Alltag bei seiner sprachlichen Entwicklung helfen und gute Voraussetzungen für seinen Spracherwerb schaffen können. So können und sollten zum Beispiel immer wiederkehrende Situationen im Alltag bewusst zur Förderung des Spracherwerbes genutzt und negative Aspekte nach Möglichkeit vermieden werden.

Die Ideensammlung soll Ihnen auch deutlich zeigen, was Sie bereits alles Positives zur Unterstützung Ihres Kindes im Spracherwerb tun. Die darüber hinausgehenden Tipps und Anregungen sind keineswegs als verpflichtende Handlungsanweisungen zu verstehen. Sie sollen weiterführende Ideen sein, aus denen Sie als Bezugsperson auswählen können was Ihnen wichtig ist, passend erscheint und was Sie mit dem Kind und in Ihrer Familie gerne ausprobieren möchten.

Einem Kind beim Spracherwerb zu helfen heißt nicht, Sprache bewusst zu lehren und zu lernen. Sprache ist zu lebendig, um sie üben zu können, sie entsteht in der Interaktion, in Erlebnissen und Gefühlen. Die Übung ergibt sich durch den täglichen Gebrauch der Sprache von alleine (8, S. 28). Eine gelingende Sprachentwicklung ist dann das Produkt aus den (angeborenen) Fähigkeiten des Kindes und dem sprach- und beziehungsförderlichen Verhalten seiner Bezugspersonen (22, S. 29). Dabei kann nicht immer alles fehlerfrei sein. In jedem Umfeld gibt es auch entwicklungshemmende Dinge. Auch diese sind als Lernfeld wichtig für Kinder (12, S. 32).

Trotz manchmal vorkommendem Zeitmangel im Alltag ist bewusstes sprachförderliches Verhalten und Raum für Sprache zu schaffen von hoher Bedeutung. Dabei sind auch kleine Dinge und Taten effektiv und wichtig (12, S. 30).

Auf Hinweise und Anleitungen für sprachförderliche Kinderbücher, (Finger-) Spiele und Lieder wurde in diesem Ratgeber bewusst verzichtet, um die Ideensammlung nicht zu umfangreich zu machen und sich klar von therapeutischen Interventionen abzugrenzen. Hier sollte auf entsprechende Literatur oder auf aktuell z. B. in der KiTa thematisierte (Lieblings-) Lieder etc. des Kindes zurückgegriffen werden.

Aufgrund der Bemühungen, die Texte und die Ideensammlung in diesem Ratgeber möglichst kurz zu formulieren, wurde ebenfalls auf zusammenfassende „Merkkästen" verzichtet.

Ebenso findet keine konkrete Einordnung statt, ab welchem Alter eine Idee mit einem Kind umgesetzt werden kann, da dieses wie der gesamte kindliche Spracherwerb zeitlich und in den Schwerpunkten sehr variabel sein kann.

Um eine flüssigere Lesbarkeit und Übersicht der Ideen und Hinweise zu gewährleisten, sind in diesem Kapitel - wie Ihnen vielleicht in den ersten Sätzen schon aufgefallen ist - die Literaturverweise nummeriert und mit Seitenzahlangabe in Klammern angegeben. Am Ende des Kapitels finden sich die entsprechenden Quellenangaben (vgl.) und im Literaturverzeichnis am Ende dieses Buches die ausführliche Literaturangabe.

Tipp 1: Grundsätzliches zu Gesprächen mit Kindern

-Sprache ist eine Alltagskompetenz des Menschen, die am besten im täglichen Miteinander erworben, geübt und erprobt wird. Daher ist es von hoher Bedeutung, mit Kindern alltäglich in Kommunikation zu treten (1, S. 47). Viele gute Sprachangebote im Alltag ergeben gute Voraussetzungen, um gut sprechen zu lernen (40, S. 3).

-Gespräche zwischen einem Kind und seinen Bezugspersonen, wie z. B. der Mutter, folgen meist einer klaren kommunikativen Struktur: Die Gesprächspartner richten ihre Aufmerksamkeit auf ein gemeinsames Thema, was auch ein gerade real vorhandener Gegenstand sein kann. Die Bezugsperson stellt eine Frage, das Kind antwortet, woraufhin die Bezugsperson die Kommunikation z. B. durch eine weitere Frage aufrecht erhält (19, S. 219) (38, S. 32).

Bezugsperson und Kind entdecken einen Marienkäfer auf einem Blatt:

B: *„ Guck mal! Hast du schon einmal so einen schönen Käfer gesehen?"*

K: *„ Rot und Punkte!"*

B: *„ Genau. Was meinst du, ob er gleich losfliegt?"*

-Schaffen Sie als Bezugsperson Kommunikationssituationen, die dann fast automatisch auch Übungsmöglichkeiten für das Kind bieten (30, S. 190).

-Schaffen Sie eine positive Kommunikationssituation (positive Grundstimmung), in der sich das Kind wohl fühlt. Eine entspannte Atmosphäre hilft, eventuell bestehende sprachliche Hemmschwellen abzubauen (15, S. 13) (30, 191) (35, S. 10).

-Begeben Sie sich auf die Ebene / Augenhöhe des Kindes, indem Sie sich z. B. hinknien und das Kind gegebenenfalls leicht z.B. am Arm berühren (3, S. 17) (30, S. 191). Dieses nimmt dem Kind und der Situation Unruhe und intensiviert den Kontakt und den Aufmerksamkeitsfokus beider Gesprächspartner (2, S. 29) (41, S. 265).

-Nehmen Sie Blickkontakt mit dem Kind auf und halten Sie diesen aufrecht. So sichern Sie die Aufmerksamkeit und das Interesse des Kindes und zeigen auch Ihr eigenes Interesse und Ihre Konzentration für die gemeinsame Kommunikation (2, S. 12) (3, S. 17) (22, S. 156) (21, S. 103) (30, S. 191) (40, S. 10).

Der Blickkontakt ist außerdem wichtig, damit das Kind Ihr Mundbild sehen kann, was beim Verstehen und späteren Nachahmen von Lauten hilft (2, S. 12).

-Eine mit dem Blickkontakt zusammenhängende wichtige Grundlage für Kommunikation ist die gemeinsame Aufmerksamkeit (joint attention), die sich z. B. auf einen Gegenstand, evtl. ein

Spielzeug, richtet. Dieser wird dann zunächst zum Thema der Kommunikation (30, S. 190 + 191). Das Kind richtet somit auch seine Aufmerksamkeit auf die Sprache in seiner aktuellen Umwelt, was erforderlich und gleichzeitig optimal ist, um das Wissen und Sprachwissen des Kindes zu erweitern (41, S. 262). Gemeinsame Aufmerksamkeit bedeutet auch, dass dauerhaftes Einreden auf das (schweigende) Kind vermieden werden sollte, da Sprache und Sprechen nur unter Aufmerksamkeit und in Interaktion erworben werden können. Somit ist für Unterhaltungen auch ein angemessener Rahmen zu schaffen, in dem z.B. Musik, Smartphone und Fernseher ausgeschaltet sind, die Aufmerksamkeit auf das Kind gerichtet ist und dem Kind das Zuhören vorgelebt wird (2, S. 63).

-Der Aufmerksamkeitsfokus unterliegt während eines Gespräches mit dem Kind der Dynamik. Das heißt, dass die Aufmerksamkeit des Kindes z. B. auf einen anderen Gegenstand wechseln kann und somit ein neuer gemeinsamer Aufmerksamkeitsschwerpunkt entsteht (41, S. 263) (42, S. 21).

-Warten Sie ab, was das Kind sagen möchte oder sprechen Sie das Kind direkt an, indem Sie es z. B. etwas fragen (2, S. 12) (3, S. 17). Beginnt das Kind von sich aus kein Gespräch, so kann das direkte Ansprechen ein Gespräch und die damit verbundenen sprachlichen Übungsmöglichkeiten eröffnen (30, S. 191).

-Achten Sie auf die Kommunikationssignale des Kindes wie z. B. die Aufnahme von Blickkontakt oder das Ansetzen zum Sprechen und gehen Sie darauf ein.

-Zur Kommunikation eignen sich viele einfache und immer wiederkehrende Alltagssituationen, die zum Teil bestimmten Mustern folgen. Diese findet man z. B. in Essensituationen, dem gemeinsamen Spielen oder dem Einkaufen. Letzteres verfügt sogar über sehr festgelegte Dialogstrukturen wie z. B. den Bezahlvorgang an der Kasse. Sowohl das direkte Miterleben dieser Situationen, als auch deren Nachahmen im Rollenspiel bieten vielfältige Möglichkeiten, miteinander in Kommunikation zu treten und Sprache zu erproben und zu fördern. Schaffen Sie aus diesen Situationen und Möglichkeiten echte und ungekünstelte Kommunikationssituationen, indem Sie z. B. spontan das Spiel des Kindes in der Spielzeugküche aufgreifen und eine Bestellung aufgeben (2, S. 64).

-Sprechen Sie in angemessener Lautstärke mit dem Kind. So sichern Sie das Verständnis, indem möglichst alle Informationen bei dem Kind ankommen (2, S. 27).

-Sprechen Sie zudem langsam, damit das Kind genug Zeit zum Verarbeiten des Gesagten erhält (2, S. 27) (30, S. 191).

-Seien Sie „echt" in der Kommunikation, denn Kinder spüren Widersprüche zwischen Gesagtem und dem Handeln ihres Gegenübers genau. Sagen Sie z. B. offen, ob Sie gerade genau zuhören können oder ob ein intensives Gespräch gerade nicht möglich ist (5, S. 135).

-Achten Sie neben den schon genannten Bedingungen auch auf weitere Rahmenaspekte wie z. B. ob, wie und von wem das gemeinsame Gespräch „offiziell" beendet wird. Es ist z. B. eine Sache der Kommunikationsregeln, ob die Gesprächspartner einen Abschluss für ihren Dialog finden und die Kommunikationssituation und deren Aspekte wie die gemeinsame Aufmerksamkeit zusammen auflösen, oder ob sich ein Gesprächspartner einfach abwendet und wortlos den Raum verlässt (5, S. 134).

-Lassen Sie das Kind in einem angemessenen Rahmen auch bei anderen von Ihnen geführten Gesprächen dabei sein und zuhören sowie später selbst Beiträge dazu leisten. Dabei gucken sich Kinder einzelne Aspekte wie z. B. Gesprächsregeln ab und übernehmen sie später für ihr eigenes sprachliches Handeln (6, S. 19). Das Kind lernt nicht nur an der Sprache seiner Bezugspersonen ihm gegenüber, sondern auch an der Sprache, die in seiner Umgebung gesprochen wird.

Tipp 2: Mundmotorik und Mundwahrnehmung als Grundvoraussetzungen

Eine unverzichtbare Basis für das Gelingen des kindlichen Spracherwerbes sind gesunde, gepflegte und trainierte Sprechwerkzeuge (siehe auch Überblick im „Sprachbaum"). Diese sind verantwortlich für das Saugen, Schlucken, Kauen, Atmen und Sprechen, welches die Laut- und Stimmbildung beinhaltet (3, S. 11).

Aus diesem Grund soll diesem Tipp eine etwas breitere theoretische Grundlage vorangestellt sein.

HASSELMANN (2, S. 15 + 17) führt drei zentrale Gründe an, warum eine kräftige Mund- und Zungenmuskulatur (die Zunge ist ebenfalls ein Muskel) sowie die Koordination dieser Muskeln in Bewegung (Mundmotorik) eine hohe Bedeutung haben:

1.) Der Mundschluss:

> ➤ Der Kiefer wird von Muskeln geschlossen gehalten, wenn er nicht gerade bewegt wird (8, S. 5). Außerdem wird so das Essen im Mund behalten.

> ➤ Steht der Mund offen, kann der Speichelfluss nur schlecht kontrolliert werden.

> ➤ Atmet das Kind zu oft durch den offenen Mund, kann die Nase die Luft nicht ausreichend anfeuchten, erwärmen und reinigen, was zu häufigen Infektionen der Atemwege führen kann.

> ➤ Eine schlaffe Zunge und kraftlose Lippen drücken die Zunge ohne Gegenhalt nach vorne, was auf Dauer zu

Zahnfehlstellungen und zu Schwierigkeiten bei der Lautbildung führen kann.

2.) Das Schlucken:

➢ Eine schwache Zungenmuskulatur hält sich nicht an das Bewegungsmuster des Schluckens und schiebt die gekaute Nahrung nicht nach hinten. Stattdessen stößt sie gegen die Zähne, was die Gefahr des Verschluckens und wiederum auch die Möglichkeit des Auftretens von Zahnfehlstellungen erhöht. Ebenso droht die Zunge zwischen den Zähnen hindurchzurutschen, was häufig eine Form des Lispelns verursacht.

3.) Das Sprechen:

➢ Sprechen fällt mit schwacher und unkoordinierter Mund- und Zungenmuskulatur deutlich schwerer.

➢ Eine deutliche Artikulation wird auch erschwert, wenn die Abläufe des Sprechens nicht oder nur schwer koordiniert werden können.

Jeder gesprochene Laut verlangt eine bestimmte Stellung der Sprechwerkzeuge am so genannten Artikulationsort, an dem der durch den Kehlkopf kommende Luftstrom auf einen Widerstand stößt oder auch ganz unterbrochen wird. Dabei sind Beweglichkeit, Koordinationsfähigkeit und Sensitivität wichtig für eine korrekte Aussprache. Sprechen erfordert zum Teil sehr schnelle Artikulationsbewegungen. Um diese Bewegungen korrekt, genau und schnell ausführen zu können, müssen Mundraum und

Sprechwerkzeuge sensibel genug sein, um ihre Position im Mund wahrnehmen, überprüfen und gegebenenfalls anpassen zu können. Unter Anderem wichtig und abhängig von der Muskulatur ist dabei auch das Erreichen einer angemessenen Lautstärke für die Artikulation (2, S. 16).

Bereits vor dem Beginn des Sprechens gilt: Je mehr Bewegungs- und Spürerfahrungen das Kind im Mundraum sammeln kann, desto differenzierter lernt die Zunge sich zu bewegen und desto feiner ist die Abstimmung der Artikulationsbewegungen. Die genannten Sinneserfahrungen verschafft sich das Kind, indem es sich z. B. Gegenstände in den Mund steckt, was wiederum nur durch reduzierten Schnullerkonsum möglich ist, worauf in den nun folgenden konkreten Tipps noch näher eingegangen wird (8, S. 5):

➢ Muskeln werden durch Bewegung stark. Bei den angesprochenen Muskeln geschieht dieses z. B. durch Essen, Trinken und Schlucken.

➢ Abbeißen und gründliches Kauen von Brot mit Rinde, Fleisch, rohem Obst und Gemüse und Salat stärkt die Mundmuskulatur im Alltag.

➢ So bald wie möglich sollte das Essen durch das Kind selbst mit Messer und Gabel zerkleinert und zum Mund geführt werden. Kleinere Kinder können bereits einen Löffel zum Essen verwenden. So wird die wichtige Kombination der Feinmotorik und Mundmotorik gefördert.

➢ Es sollte stets auf eine gute Zahnpflege geachtet werden. Über den Milchzahnwechsel hinaus fehlende Zähne und Schmerzen erschweren das Sprechen ungemein.

➢ Der Konsum von zu viel Zucker gilt auch für die Muskelkraft im Gesicht als hinderlich.

➢ Das Saugloch bei Flaschen sollte nicht vergrößert werden, da die Muskulatur in Zunge, Lippen, Wangen und Kiefer durch die Anstrengung beim Saugen trainiert wird.

➢ Das Trinken durch einen Strohhalm trainiert durch den dabei erschwerten Saug- und Schluckvorgang die Muskeln. Je länger und dicker dabei der Halm und je dicker die Flüssigkeit (z.B. auch Joghurt) ist, desto schwerer wird das Ansaugen und desto intensiver das Training.

➢ Zuckerfreie Kaugummis trainieren und beanspruchen die Muskeln und regen den Speichelfluss an. So wird ein häufiges Schlucken erforderlich, welches wiederum viele Muskelgruppen stärkt.

➢ Spiele zum Ansaugen und Transport (z.B. von einem Becher zum anderen) von Chips oder Papierschnipseln mit dem Strohhalm trainieren Muskulatur und Genauigkeit der Motorik. ACHTUNG: Übungen zum Pusten sind – ausgenommen des Übens der Schnutenbildung für das „sch" – als Training der Muskeln und der Genauigkeit der Bewegungen wenig effektiv.

➢ Beim richtigen Schnäuzen der Nase wird ein Nasenloch zugehalten und mit geschlossenem Mund geschnäuzt, damit kein Sekret in die Ohren gelangen kann.

➢ Das Lutschen und Nuckeln an Schnuller, Daumen oder anderen Objekten sollte frühzeitig abgebaut werden, um einem verformten Kiefer, offenem Biss und Zahnfehlstellungen vorzubeugen. Auf diese Aspekte sind häufig auch Schwierigkeiten bei der Lautbildung zurückzuführen. Ebenso liegt die Zunge mit Schnuller in einer unnatürlichen Haltung, sodass ein richtiger Schluckvorgang des Speichels im Mund nicht möglich ist. Häufig kommt es auch vor, dass ein anfangs ganz natürliches, hohes Saug- und Lutschbedürfnis später als bloße Angewohnheit bestehen bleibt. Zusammenfassend lässt sich sagen, dass der Schnuller spätestens im Alter von 2,5 Jahren abgewöhnt sein sollte (12, S. 71) (7, S. 26).

Zu den vorangegangenen Ausführungen vgl. ebenfalls Quelle 47 (Abruf am 05.09.2018) und (1, S. 48).

Tipp 3: Grundhaltung und Beziehung

-Eine wichtige Grundvoraussetzung für eine gelingende Hilfe im Spracherwerb ist das Interesse an dem Kind und die Freude daran, mit ihm zu sprechen (6, S. 5). Hier zeigt sich, dass der emotionale Beziehungsaspekt elementar ist (33, S. 10 + 11).

-Wichtig ist eine feste Beziehung zwischen dem Kind, seinen Bezugspersonen sowie älteren Geschwistern und weiteren Familienmitgliedern. Elementar für das Gelingen des Spracherwerbes ist auch die Peer Group (gleichaltrige Kinder) (36, S. 111).

-Loben und Ermutigen Sie das Kind, zeigen Sie sich selbst interessiert und haben Sie gemeinsam mit dem Kind Spaß an Sprache. Das Kind wird somit selbstsicherer.

-Eine positive Einstellung gegenüber der Selbstständigkeitsentwicklung des Kindes unterstützt und fördert nicht nur den Spracherwerb. Dazu gehört das Gewähren von Autonomie, Selbstständigwerden und das Unterstützen der Unabhängigkeit des Kindes (33, S. 10 + 11).

-Zeigen Sie emotionale Wärme in Form von Aufmerksamkeit, Zeit und Wertschätzung für die Kommunikation mit dem Kind (12, S. 26).

-Seien Sie engagiert für das Kind und seine Interessen.

-Vermeiden Sie ständige Anweisungen an das Kind und beziehen Sie es in angemessenem Rahmen in Entscheidungen mit ein. Dieses liefert dem Kind neue Informationen und regt zur aktiven Gesprächsbeteiligung an (30, S. 190).

-Nehmen Sie das Kind an sich und in seinen Äußerungen ernst (1, S. 45).

-Zeigen Sie dem Kind, dass Sie an seinen Erlebnissen und Gedanken interessiert sind und daran teilhaben möchten (20, S. 76).

-Achtung und Respekt: Sprechen ist Vertrauenssache. So sollte z. B. bewusst Geflüstertes nicht laut wiederholt werden (12, S. 27).

-Nehmen Sie die Fragen des Kindes ernst - es gibt keine dummen Kinderfragen (10, S. 133)

-Vermitteln Sie dem Kind, dass es trotz eventuell noch vorhandener sprachlicher Schwierigkeiten sprachlich fähig ist (20, S. 275). Kinder sollten Fehler machen dürfen (12, S. 27).

-Nehmen Sie das Kind als Partner an, mit dem Sie zusammen Sprache erforschen und mir ihr umgehen (2, S. 64).

-Das Kind ist darauf angewiesen, im Gespräch gleichberechtigter Partner zu sein und darauf, dass seine Bedürfnisse nach Zuwendung und Anerkennung berücksichtigt werden. Dieses wirkt sich auf das Selbstbewusstsein, das Selbstwertgefühl und die Stabilität der Identität aus (5, S. 13).

-Wünschenswert wäre, wenn Sie das Einfühlungsvermögen entwickeln könnten, häufig zu spüren, was das Kind sagen möchte (5, S. 132).

-Seien Sie sensibel und feinfühlig für und gegenüber den Signalen des Kindes (20, S. 176).

-Verwenden Sie Ich - Botschaften wie z. B. *„MIR ist es zu laut"* anstatt von *„DU bist zu laut"* (5, S. 132).

-Bieten Sie dem Kind eine sichere Beziehung. Deren Qualität beeinflusst die Gesamtentwicklung des Kindes stark. Reflektieren Sie als Bezugsperson Ihr Beziehungsverhalten dem Kind gegenüber regelmäßig (10, S. 113) (33, S. 10 + 11).

-Eine emotionale Beziehung mit Zuwendung und Anregung beinhaltet auch die Bezugsperson als anerkanntes Sprachmodell (33, S. 17).

-Nehmen Sie das Kind an, auch wenn es (noch) Schwierigkeiten im Bereich der Sprache hat (10, S. 115).

-Beobachten Sie das Kind aufmerksam und einfühlsam (10, S. 116).

-Wichtig ist auch die Bindungssicherheit zwischen Ihnen und dem Kind: Sprachlicher Input wirkt nicht für sich allein, sondern nur in Beziehung und Interaktion (20, S. 179).

-Lokalisieren und bestätigen Sie den Aufmerksamkeitsfokus des Kindes. Nehmen Sie innerhalb der Beziehung auch wahr, mit welchen Interessen sich das Kind gerade beschäftigt.

Tipp 4: Während des Gespräches

-In jedem Gespräch mit Ihnen kann und sollte das Kind die Möglichkeit bekommen, selbst sprachlich aktiv zu werden, Sprache zu erproben, zu üben und Rückmeldung durch Sie als Bezugsperson zu erhalten (32, S. 18 + 19).

-Das Kind sollte stets genug Zeit für das Denken und Sprechen seiner Äußerungen bekommen. Diese Zeit bildet zudem den Raum, um z. B. neue Satzkonstruktionen auszuprobieren und sich bei selbst bemerkten Fehlern auch selbst zu korrigieren. Diese Eigenkorrekturen sollten Sie dem Kind ebenfalls in Ihrem eigenen Sprachverhalten vorleben (2, S. 63):

„Als Oma nach Hause fuhr, habe ich auch gewunken – nein – gewinkt habe ich da."

-Lassen Sie das Kind bei seinen Äußerungen aussprechen. Sie geben ihm dabei die Gewissheit, dass Sie mit den Gedanken bei dem sind, was es sagt, also mitdenken (2, S. 63) (40, S. 10). Dazu gehört auch, das Kind bei entstehenden kurzen (Denk-) Pausen nicht zu unterbrechen oder gar den Satz selbst fertig zu sprechen (9, S. 47) (40, S. 10). Bleiben Sie aufmerksam und warten Sie damit aktiv (22, S. 156).

-Aktives Warten: Das Kind bekommt so das Interesse seitens der Bezugsperson vermittelt und genügend Zeit, um z. B. eine Antwort zu überlegen.

-Hören Sie dem Kind aufmerksam und interessiert zu (1, S. 45) (21, S. 103). Ohne Zuhören und Konzentration auf beiden Seiten ist kein Verstehen des im Gespräch Gesagten möglich (2, S. 28). Zuhören bedeutet zudem, den Anderen mit seinen Äußerungen anzuerkennen, ernst zu nehmen und Empathie zu zeigen (5, S. 135). Sie zeigen dem Kind damit, dass seine Äußerungen wertvoll und von Interesse sind- das sollten sie unabhängig von lautsprachlicher, inhaltlicher und grammatischer Richtigkeit immer sein (30, S. 191). Somit wird die Bereitschaft des Kindes gefördert, sich mitzuteilen (22, S. 93). Zum Zuhören gehört auch, schweigen zu können und die eigene Schlagfertigkeit, Lebenserfahrung, Klugheit etc. zurückstellen zu können (22, S. 93).

-Unterstützen Sie das Kind bei seinen Formulierungsversuchen, helfen Sie ihm beim Erzählen. Ereignisse können sich im Kopf überschlagen. Dem Kind gelingt es dann nicht, sie zu sortieren und in Worte zu fassen. Sie helfen dem Kind, indem Sie bereits Verstandenes in einfachen Worten und nachvollziehbaren Sätzen wiederholen. Das sich entwickelnde Verständnis macht dem Kind dann Mut, das Erzählen weiter zu versuchen. Es lernt dabei auch von dem Erwachsenen, die eigenen Gedanken zu strukturieren und der Reihe nach zu erzählen. Dieses kann auch von Bedeutung sein, wenn das Kind im Bereich der Lautbildung noch sehr undeutlich spricht (8, S. 31) (38, S. 32).

-Geben Sie dem Kind während des Gespräches immer wieder verstehende Rückmeldungen, welche z. B. auch aus einem einfachen Nicken bestehen können (1, S. 47). Das Kind braucht Rückmeldungen und Zustimmung, um Sicherheit zu erlangen und um zum Weitersprechen ermuntert zu werden. Nur so kann es den Umgang mit Sprache immer weiter üben (2, S. 12).

-Manchmal kann es auch passieren, dass es Ihnen schwerfällt, das Kind zu verstehen. Dieses kann z. B. an unverständlich ausgesprochenen oder inhaltlich schwer zu verstehenden Äußerungen liegen. Formulieren Sie auch bei Verständnisproblemen das, was Sie bereits verstanden haben, und fassen es zusammen. Das Kind kann dann wiederum zum besseren Verständnis seine Äußerungen anpassen, verändern, näher erklären oder auch mit Gesten verdeutlichen. Es wird dabei angehalten, weiter zu erzählen und wird ab einem bestimmten Alter vielleicht sogar selbst Nachfragen stellen, um von sich aus das Verständnis seines Gesprächspartners zu sichern (1, S. 45) (30, S. 191).

Sichern auch Sie das Verständnis durch Nachfragen:

„Monika hat gesehen, dass der Eimer ausläuft. Was hat sie dann gemacht?"

und Weiterführen (28, S. 69):

„Was hat dich mehr geärgert: Dass der Bus nicht gefahren ist oder als Oma dich dann nicht mit dem Auto bringen wollte?"

-Fragen Sie zum besseren Verständnis gegebenenfalls noch einmal nach (31, S. 7).

-Versuchen Sie, die beim Austausch von Meinungen von dem Kind geäußerten Argumente inhaltlich zu verstehen und nachzuvollziehen (5, S. 134).

-Sie können dem Kind helfen, wiederum Ihre Äußerungen besser zu verstehen, indem Sie wichtige Wörter bewusst betonen, kurze Pausen nach jeder Information einlegen und störende Geräusche nebenbei wie z. B. durch Radio oder Fernseher vermeiden. Zudem ist es hilfreich, das Kind von vorne anzusprechen, da es so auch die Informationen wahrnehmen kann, die Sie ihm über Ihre Gestik, Mimik und Mundbewegungen (nonverbale Zeichen) bewusst geben (9, S. 46).

-Setzen Sie (z. B. beim Erklären von Arbeitsschritten) hinter jeder Information eine Pause. Pausensetzung und Redefluss erzeugen Spannung und lenken die Aufmerksamkeit jeweils auf die Information nach der Pause (30, S. 191) (32, S. 18 + 19). Außerdem lassen Sie dadurch das Gesagte wirken und geben dem Kind Zeit, sich darüber eigene Gedanken zu machen (2, S. 29).

-Versuchen Sie bei Erklärungen außerdem, Ihre Gedankengänge für das Kind verständlich sprachlich darzustellen (2, S. 29).

-Damit ein Gespräch funktioniert und nicht spontan abbricht, müssen sich die Gesprächspartner an bestimmte Aspekte und Regeln der Sprachverwendung halten, die ihnen bei der Kommunikation helfen: Unabdingbar ist hier das so genannte „Turn - Taking", nämlich das Wechseln der Rollen des Sprechers und des Zuhörers während des Gespräches (15, S. 12). Ein Signal an das Kind, dass es nun die Rolle zu wechseln gilt, kann z. B. auch der Einsatz einer Pause Ihrerseits sein (28, S. 36).

-Zudem sollte sich das Gespräch inhaltlich an den Interessen und dem Aufmerksamkeitsfokus des Kindes orientieren, um dessen Motivation aufrecht zu erhalten und Freude an Kommunikation zu schaffen.

-Ein gemeinsames Thema verlangt außerdem, dass man sich in seinen Äußerungen wiederum auf die Äußerungen des Gesprächspartners bezieht, also sprachlich miteinander interagiert. Dazu gehört auch, dass der Schwerpunkt der Aufmerksamkeit mehr auf dem Thema des Gespräches, als auf dem (Gesprächs-) Verhalten des Kindes liegen sollte.

-Kinder neigen dazu, in ihrem eigenen sprachlichen Handeln eher aktiv zu werden, wenn sich ihre Gesprächspartner wenig lenkend verhalten, indem sie z. B. direktives und kontrollierendes Sprechen vermeiden.

Beispiele für direktives und kontrollierendes Sprechen seitens der Bezugsperson sind folgende:

„Das ist mein Stuhl!"

„Man redet nicht beim Essen!"

„Bekommst Du das mit der Fingerfarbe mal wieder nicht hin?"

-Ein Gespräch und das Turn - Taking werden außerdem dadurch aufrecht erhalten, indem die vom Kind gestellten Fragen beantwortet und sein Wissensdurst bedient werden (1, S. 85). Zudem regt die Bezugsperson das Kind durch Aufforderungen und Fragen immer wieder zur Sprachproduktion an (20, S. 76). Als weitere Sprachanregung darüber hinaus kann das Kind auch Sätze vervollständigen, in denen Sie als Gesprächspartner gerade stocken:

B: *„Ich mag im Zoo ja am liebsten, ähm ... .“*

K: *„ ...die Chamäleons anschauen, weil sie die Farbe wechseln können?“*

B: *„Ja, genau!“*

-Wichtig ist auch, auf angemessene Anfangs- und Endsignale von Gesprächen zu achten, das Gespräch also zu einer „runden Sache“ werden zu lassen, was Orientierung und Struktur gibt.

Anfang:

B: *„ Wollen wir uns in den Garten setzen und besprechen, was du gerne für eine Geburtstagsparty hättest?“*

Ende:

B: *„ Wir haben jetzt lange besprochen, wie es in Zukunft mit den Hausaufgaben besser klappen kann. Ist das Problem so für dich erst einmal gut gelöst?“*

Tipp 5: Nach dem Gespräch

-Mit Kindern im Vorschulalter ab etwa 5 Jahren ist ein gewisses Maß an Metakommunikation (das Sprechen über Sprache und das Sprechen) möglich, welches auch genutzt werden sollte: So kann z. B. nach einem Dialog über das Einhalten von Gesprächsregeln gemeinsam reflektiert werden (3, S. 16).

-Nach dem Gespräch kann man sich auch als Gesprächspartner des Kindes einige Fragen zur Reflexion stellen. Beispiele könnten sein:

➢ Erhielt das Kind die Gelegenheit seine eigenen Gedanken einzubringen?
➢ Konnte das Kind im Gespräch seine sprachlichen Fähigkeiten erweitern?
➢ Haben die Fragen das Fortsetzen des Gespräches gesichert?

(41, S. 266)

Tipp 6: Das Thema der Kommunikation

-Im Idealfall beginnt das Kind die Kommunikation zu einem Thema, welches es gerade interessiert und bewegt. Gehen Sie entsprechend auf diese Gesprächsanregungen des Kindes ein (5, S. 134) (35, S. 10) (38, S. 32). Es kann jedoch - besonders auch bei kleineren Kindern - erforderlich sein, dass der Erwachsene die Kommunikation beginnt und ein Gesprächsthema wählt und anregt.

-Das Thema für gemeinsame Gespräche mit dem Kind sollte aus dessen alltäglicher Lebenswelt stammen oder dazu passen (40, S. 3).

-Es sollten vor allem bei jüngeren Kindern Themen gewählt werden, die das Hier und Jetzt betreffen (31, S. 7).

-Versuchen Sie, das in den Gedanken des Kindes gerade aktuelle Thema zu erkennen, aufzugreifen und zu erweitern (2, S. 12) (30, S. 190). Sie greifen also das Interesse des Kindes auf, dem sich das Kind bereits selbst zugewandt hat.

-Von einem passenden Gesprächsthema sind auch Konzentration und Motivation des Kindes abhängig (2, S. 12). Bei einem passenden Thema fühlt sich das Kind ernst genommen und wird zum Mitmachen motiviert (43, S. 8).

-Aktivitäten (ab einem bestimmten Alter), Dinge und Anlässe, die sich ebenfalls eignen, um miteinander in ein Gespräch zu kommen und Sprache gemeinsam zu entdecken sind z. B. (3, S. 19): Ein Besuch auf dem Bauernhof oder im Museum, Pflanzen, (Zoo-) Tiere, Experimente, Reisen, Ausflüge, das Matschen mit verschiedenen Materialien, ein Besuch im Wald, Rollenspiele (z. B. „Einkaufen"), Puppentheater, Verkleiden, Spielen im Sand, Bausteine oder auch altersgemäß im Alltag wie z. B. beim Kochen helfen und kleine Aufgaben erledigen lassen, Sachen gemeinsam reparieren und Funktionen von Sachen besprechen (12, S. 53).

-Rollenspiele, z. B. mit Puppen, helfen, Dinge zu verarbeiten, die dem Kind im Alltag begegnen. So wird sich z. B. beim Nachspielen des Einkaufens sprachlich in andere Personen hineinversetzt (40, S. 15). Auch wenn das Kind entsprechende Szenen z. B. mit Puppen alleine nachspielt, spricht es den Ablauf / die Geschichte im Kopf oder auch verbal mit und nutzt so auch diese Gelegenheit, um seine sprachlichen Kompetenzen weiter auszubauen (40, S. 15).

-Vorschulkinder können bereits eigene Geschichten erzählen, Bilder genauer beschreiben oder Piktogramme versuchen zu lesen (12, S. 67).

-Auch Wartesituationen wie z. B. im Wartezimmer beim Arzt oder Autofahrten können genutzt werden, um ins Gespräch zu kommen (3, S. 28).

-Möglich ist auch das gemeinsame Beschreiben von bildlichen Darstellungen, die Ihnen und dem Kind im Alltag begegnen. Das Kind lernt so das genaue Hinschauen, das Ziehen logischer Schlüsse und schult seine Ausdrucksfähigkeit.

-Rücken Sie immer auch die Dinge in den Vordergrund der Wahrnehmung und Aufmerksamkeit, die das Kind sprachlich schon gut kann. Dieses unterstützt die Sprechfreude des Kindes (22, S. 214).

Tipp 7: Das eigene Sprachverhalten

Die Eltern und andere Bezugspersonen eines Kindes sollten generell anstreben, dem Kind ein gutes sprachliches Vorbild zu sein (1, S. 47) (2, S. 12) und sind als solches von zentraler Bedeutung (22, S. 93). Dazu gehört, sich selbst in Bezug auf die eigene Sprache regelmäßig zu reflektieren (3, S. 22). Es gilt, zu einer sprachförderlichen Grundhaltung zu finden und im eigenen Verhalten sprachfördernde (sind zu vertiefen) und sprachhemmende (sind zu verändern) Faktoren zu erkennen und entsprechend durch Verändern, bzw. Vertiefen des Verhaltens zu reagieren (28, S. 16). Dem Kind sollten Sie dabei vermitteln und es spüren lassen, dass Sprache und Sprechen etwas Selbstverständliches sind (22, S. 93).

Im Folgenden finden sich einige Fragen, die Ihnen bei der Selbstreflexion helfen können. Sie decken sich zum Teil mit an anderen Orten in diesem Buch gegebenen Hinweisen und Erklärungen. Wie bereits erwähnt, sollten nicht alle Aspekte zwingend berücksichtigt und sofort umgesetzt, sondern eine sinnvolle persönliche Auswahl getroffen und ausgewählte Punkte und Ideen umgesetzt bzw. ausprobiert werden. Wird bei den Fragen z. B. nach verschiedenen Arten zu sprechen oder verschiedenen Haltungen gefragt, ist nicht immer zwangsläufig eine Alternative richtiger oder besser als die Anderen.

Folgende Fragen (thematisch ungeordnet) können bei der Reflexion des eigenen Sprachverhaltens hilfreich sein:

➢ Spreche ich selbst gerne oder eher ungern?

- Spreche ich eher nüchtern oder ausgeschmückt?
- Spiele ich mit Wörtern und nutze einen abwechslungsreichen Wortschatz?
- Welches Sprachtempo habe ich?
- Wie gestalte ich meine eigene Freizeit? Sitze ich lieber vor dem Fernseher oder spreche ich lieber mit anderen Leuten oder lese ich z. B. gerne?
- Wie gehe ich sprachlich mit dem Kind um? Erkläre ich ihm viele Dinge?
- Nenne ich dem Kind Bezeichnungen / Namen für Dinge?
- Wie reagiere ich, wenn sich das Kind sprachlich an mich wendet? Bin ich erfreut und nehme es ernst oder bin ich eher abwesend?
- Wie oft drücke ich aus, dass ich meine Ruhe haben möchte? (10, S. 117)
- Freuen oder nerven mich die Fragen des Kindes? (ebenda)
- Spiele ich gerne mit dem Kind und mit Sprache wie z. B. „Kofferpacken" oder Fingerspiele?
- Greife ich Impulse des Kindes auf und beantworte z. B. seine Fragen? (3, S. 22)
- Spreche ich kurz, prägnant und in einfachen Sätzen (32, S. 18 + 19) oder in langen, verschachtelten Sätzen? (4, S. 42) (40, S. 10)
- Spreche ich langsam, deutlich und klar? (31, S. 7) (32, S. 18 + 19) (40, S. 10)
- Habe ich manchmal eine holperige Aussprache? (10, S. 118)
- Vermeide ich Verschmelzungen („in den Flur" wird z. B. zu „in'n Flur") und das Verschlucken von Endungen („einen" wird z.B. zu „ein"), damit das Kind auch Feinheiten an Lauten und Grammatik erkennen kann? (2, S. 12)
- Sind meine Äußerungen für das Kind wichtig, relevant, spannend oder witzig? (2, S. 29)

- ➢ Wie oft hört das Kind mich mit anderen Menschen sprechen? (10, S. 117)
- ➢ Nutze ich die Satzmelodie, wie z. B. eine ansteigende Tonhöhe bei Fragen, und gebe dem Kind damit Informationen z. B. über meine Stimmung? Unterstütze ich also das Gesagte durch Stimmeinsatz und Betonung? (2, S. 27) (31, S. 7) (40, S. 10)
- ➢ Sind meine Äußerungen grammatisch richtig (korrekte Regelanwendung, wenige Satzabbrüche, Fehlstarts und Füllwörter wie „ähm“)? (1, S. 89) (31, S. 7)
- ➢ Nehme ich mir Zeit, wenn ich bemerke, dass mir das Kind etwas erzählen möchte?
- ➢ Höre ich dem Kind aufmerksam zu und gebe nicht sofort meinen eigenen Kommentar ab?
- ➢ Erzähle ich dem Kind auch einzelne Sachen von mir?
- ➢ Antworte ich mit kindgerechten Erklärungen, wenn das Kind mich etwas fragt?
- ➢ Wenn ich die Antwort auf eine Frage des Kindes nicht weiß, finde ich sie dann mit dem Kind zusammen heraus? (3, S. 18)
- ➢ Versuche ich das Kind zu verstehen, wenn es Gefühle mittels Körpersprache ausdrückt und benenne diese mit Worten?
- ➢ Versuche ich, bei passenden Gelegenheiten Modellierungstechniken (siehe eigener Tipp) anzuwenden?
- ➢ Ziehe ich zum Bilden meiner Meinung über das Kind und seine Sprache auch die Einschätzungen anderer Personen wie z. B. der Erzieher des Kindes heran? (10, S. 118)
- ➢ Was fällt mir sonst noch selbst auf?
- ➢ Man lernt nie aus!

Tipp 8: Das sprachliche Anforderungsniveau

-Das Sprachniveau und das Sprachangebot an das Kind müssen an dessen Entwicklungsstand angepasst werden, damit eine Weiterentwicklung im Spracherwerb angeregt wird und erfolgen kann. Dabei sollte das Niveau etwas über dem aktuellen Sprachniveau des Kindes liegen, um das Entwicklungspotenzial zu nutzen und den nächsten Entwicklungsschritt anzuregen (30, S. 191). Dafür ist auch eine Anpassung an die Auffassungs- und Verarbeitungsmöglichkeiten des Kindes erforderlich, um das Kind entsprechend kognitiv (geistig) passend anzuregen. Die erwähnten Anpassungen können z. B. die Länge der Sätze, die Komplexität der gewählten Wörter, die Menge an Wiederholungen und die Betonung wichtiger Elemente in Ihren Äußerungen gegenüber dem Kind betreffen und beeinflussen (9, S. 45 & 25, S. 63 & 66) (30, S. 187).

-Zu betonen ist, dass das sprachliche Anforderungsniveau im Sprachangebot an das Kind nicht nach dem Alter, sondern dem sprachlichen Entwicklungsstand des Kindes ausgerichtet werden muss (15, S. 10).

-Es hat sich herausgestellt, dass ein mittleres Niveau der Leistungsanforderung am günstigsten ist, um nicht zu viel Leistungsdruck auszuüben, jedoch das Kind trotzdem zur Entwicklung anzuspornen (2, S. 7) (33, S. 17). So wird auch der Erhalt der Sprechfreude unterstützt (22, S. 93).

-Ein zu hoher Druck und Überforderung sind andererseits auch zu vermeiden, da dem Kind sonst die Lust, Motivation und Freude am Sprechen verloren gehen können (2, S. 7).

-Bezugspersonen sind meist ohne Fachkenntnisse in der Lage, intuitiv und unbewusst das angemessene Anforderungsniveau zu wählen bzw. in ihrer Sprache an das Kind umzusetzen.

-Ein wenig lenkendes Verhalten der Bezugspersonen ist spracherwerbsunterstützend. Das Kind erhält dabei Raum für seine eigenen Ideen. Natürlich ist jedoch in der Erziehung manchmal auch ein lenkendes Elternverhalten notwendig.

-Das Sprechen gegenüber dem Kind und auch vorgelesene Geschichten sollten im Verlaufe der Entwicklung fortlaufend anspruchsvoller werden (7, S. 48).

-Wählen Sie bei Erklärungen einen dem aktuellen Anforderungsniveau entsprechenden, kindgerechten Wortschatz und ermöglichen so das Verständnis von Zusammenhängen (2, S. 13).

-Greifen Sie in Ihren Äußerungen im Sinne einer angemessenen Anforderung an das Kind keine Wortneuschöpfungen (Beispiel: „Bodenputzer" statt Staubsauger), Babysprache („Wau Wau" statt Hund), Verkleinerungsformen (= -lein, „Äuglein" statt „Augen") oder Verniedlichungsformen (= -chen, „Füßchen" statt „Füße") auf (9, S. 45).

-Verlängern Sie Ihre Äußerungen bei steigender sprachlicher Kompetenz des Kindes.

Tipp 9: Reaktionen auf richtige und fehlerhafte Äußerungen des Kindes

-Vermeiden Sie direkte Korrekturen und das Auffordern zum Nachsprechen der korrigierten Version einer Aussage zum „Üben". Dieses hemmt die Sprechfreude des Kindes (7, S. 32) (40, S. 10).

-Tadeln Sie das Kind nicht (40, S. 10).

-Reagieren Sie häufig und angemessen (siehe Hinweise in diesem Kapitel) auf die Äußerungen des Kindes und greifen Sie diese auf. Gehen Sie auf den Inhalt ein. Dieses unterstützt die Motivation und Freude am Sprechen (30, S. 190).

-Bestätigen Sie das Kind häufig positiv. Reagieren Sie auch auf eine fehlerhafte Äußerung des Kindes wohlwollend und greifen Sie diese auf (41, S. 260) (30, S. 191). Nehmen Sie auch nicht perfekte Sprechversuche an und erkennen diese an (22, S. 93).

-Gehen Sie vorwiegend auf den Inhalt und nicht auf die Form der Äußerung des Kindes ein und fragen Sie interessiert nach (30, S. 191).

-Das Kind muss nicht immer richtig sprechen, es ist aber wichtig, dass das Kind über seine Äußerung eine Rückmeldung erhält und zwar in einer Art, die es zu weiterem Sprechen ermutigt (9, S. 47).

Weitere Anregungen zu diesem Thema finden Sie auch im nun folgenden Bereich „Die Anwendung von Modellierungstechniken".

Tipp 10: Die Anwendung von Modellierungstechniken

Modellierungstechniken werden in der Sprachheilpädagogik systematisch eingesetzt, um dem Kind besonders im Bereich der Grammatik zu helfen, zu einer korrekten Sprachverwendung zu gelangen. Kurz gefasst beinhalten Modellierungstechniken Möglichkeiten der Reaktion auf korrekte oder fehlerhafte Äußerungen des Kindes, sowie Arten der Präsentation der richtigen Formen für das Kind. Hier zeigt sich die Problematik der Überschneidung von Techniken der gezielten Sprachtherapie und dem alltäglichen natürlichen sprachlichen Umgang mit dem Kind. Als Lösung sollen in diesem Abschnitt lediglich ausgewählte Modellierungstechniken aufgegriffen werden, welche einen einfachen und für die Integration in den Alltag tauglichen Einsatz ermöglichen, ohne therapeutische Absichten zu haben.

Die häufigste, auf eine sprachlich fehlerhafte Äußerung des Kindes folgende, Reaktion ist das **korrektive Feedback** (35, S. 10). Hier wird die Äußerung des Kindes in korrigierter, also fehlerfreier Weise wiederholt und somit eine verbesserte Rückmeldung gegeben. Es erfolgt also keine direkte, sondern eine inhaltlich bestätigende Rückmeldung in sprachlich korrigierter Form. So werden z. B. ausgelassene Satzelemente hinzugefügt (**Expansion**) und der Satz somit vervollständigt oder falsche grammatische Formen verbessert zurückgemeldet (11, S.30) (35, S. 10) (38, S. 32). Erfolgt dieses häufig, ist die Chance groß, dass das Kind die jeweils richtige Version unbewusst in seinen eigenen Sprachgebrauch übernimmt und die Formen entsprechend künftig korrekt verwendet. Es erhält einen Sprachimpuls, wird ermutigt und bestätigt. Korrektives

Feedback zeigt Ihrem Kind, dass Sie ihm zuhören und Interesse an seinen Äußerungen haben (28, S. 46). Das korrektive Feedback vermittelt dem Kind außerdem, dass mehr der Inhalt und weniger die Form des Gesprochenen im Vordergrund steht (4, S. 42) (22, S. 155).

Ein Beispiel für ein einfaches korrektives Feedback mit einer korrigierenden Expansion wäre folgendes:

K: *„Ich essen Pizza."*

B: *„Ja, du isst eine Pizza."*

Wichtig zu beachten ist, dass auf keinen Fall die von dem Kind geäußerte fehlerhafte Form wiederholt werden sollte- auch nicht mit dem Hinweis darauf, dass diese falsch ist. Dieses würde dazu führen, dass sich das Kind die von der Bezugsperson immer wieder erwähnte falsche Form unbewusst noch fester einprägt. Zudem führt das Vorhalten von Fehlern zu einer verminderten Motivation und Entmutigung zum Sprechen und Erproben verschiedener sprachlicher Formen. Zu diesem Bereich gehört auch, dass das Kind nicht zum Nachsprechen der richtigen Form oder zum Wiederholen des korrekten Satzes aufgefordert werden sollte.

Zusammenfassend lassen sich folgende sprachfördernde Aspekte des korrektiven Feedbacks nennen (41, S. 265):

> ➢ Das Kind merkt, dass man ihm zuhört und wird zum Weitersprechen angeregt.

> Das Kind hört immer wieder die richtige Formulierung und Aussprache: Begriffe, Klangbilder und Satzstrukturen prägen sich praktisch nebenbei ein.
> Das Kind bekommt nicht das Gefühl vermittelt, falsch zu sprechen oder versagt zu haben, was sich negativ auf die Sprechfreude auswirken würde.
> Das Kind kann selbst entscheiden, ob es den Satz noch einmal aufgreift, wiederholt oder den Dialog einfach fortsetzt oder beendet.
> Das Kind erhält Anregungen auf allen vier Sprachebenen: Lautebene, Wortschatz, Grammatik, Sprachpraxis / Sprachverwendung.

Darüber hinaus hört das Kind in der korrigierten Fassung auch immer Teile seiner Aussagen, die richtig waren und ihm somit bestätigt werden. So ist es auch möglich und unterstützt das Kind positiv, wenn ihm gelegentlich seine korrekten Äußerungen unverändert zurückgemeldet werden. Dieses sollte jedoch in Maßen geschehen, um als Gesprächspartner nicht in eine Art Echo zu verfallen.

Es folgen einige Beispiele für korrektives Feedback, welche zeigen, wie diese verbesserten Rückmeldungen gestaltet sein können und welche Funktion sie dabei jeweils haben:

> Einfaches korrektives Feedback: *„Ich habe geesst. "* → *„Du hast gegessen. "*

> Korrektives Feedback als Ermutigung und Bestätigung: *„Hab kauft. "* → *„Die Milch hast du ganz alleine gekauft. "*

- Korrektives Feedback als Reformulierung und aktives Zuhören: *„Hund doof Ball putt.“* → *„Ja, das findest du blöd, dass der Hund den Ball zerbissen hat.“*

- Korrektives Feedback zum Einbringen weiterführender Ideen: *„Wie fahren?“* → *„Möchtest du zu Oma fahren? Vielleicht mit deinem Laufrad?“*

- Korrektives Feedback mit Kommentar und Wissensvermittlung: *„Hund auch Geschenk.“* → *„Ja, zu seinem Geburtstag bekommt unser Hund auch immer einen Knochen als Geschenk.“*

- Korrektives Feedback als Selbstaussage: *„Hund schwarz.“* → *„Ja, der Hund hat ein schwarzes Fell. Ich mag sein Fell besonders gerne, weil es so kuschelig weich ist.“*

- Korrektives Feedback als Frage: *„Hund spielen?“* → *„Womit spielt denn dein Hund besonders gerne?“*

- Korrektives Feedback als Spielanregung: *„Hund Leine gehen.“* → *„Wie könnten wir das denn spielen, dass du mit deinem Stoffhund spazieren gehst?“*

An diesen Beispielen ist recht gut zu erkennen, dass nicht immer nur die unter Umständen kurze Äußerung des Kindes in korrigierter

Form wiederholt wird, sondern dass ihr noch weitere Inhalte und Informationen hinzugefügt werden. Wir bewegen uns hier im Bereich der Technik der **Extension**, einer inhaltlichen, logischen **Erweiterung** des vom Kind Gesagten unter Verwendung der verbesserten Äußerung des Kindes. Die Verbesserung der Äußerung beinhaltet meist deren grammatische Vervollständigung (32, S. 18 + 19) (35, S. 10):

„Ich habe Hund nicht geseht." → *„Du hast den Hund nicht gesehen. Bestimmt hat er sich gerade unter der Decke verkrochen."*
(Extension)

Stellt man fest, dass das Kind eine bestimmte sprachliche Form immer wieder nicht richtig verwendet, also z. B. meist *„das Käfig"* statt *„der Käfig"* äußert, hat man selbst die Möglichkeit, diese Form in den eigenen Äußerungen bewusst häufig zu verwenden, damit das Kind sie oft und richtig hört und sie sich entsprechend einprägen kann. Das Einprägen bzw. das Erkennen der dahinter stehenden Regelhaftigkeit und die eigene Produktion durch das Kind erfolgt unbewusst und automatisch, da die Form in das Zentrum seiner Aufmerksamkeit gerückt wird. Diese Technik nennt sich **Präsentation**. Eine Hilfe dabei und auch bei der Anwendung des korrektiven Feedbacks ist, die korrigierte Form, welche das Kind zuvor falsch geäußert hat, besonders deutlich zu betonen (23, S. 152) (35, S. 10).

Tipp 11: Handlungen und Gefühle

-Begleiten Sie Ihre und die Handlungen des Kindes verbal und kommentieren Sie diese in angemessener Form und Häufigkeit (2, S. 12) (3, S. 16) (9, S. 46). Versprachlichen Sie also Handeln, Verhalten, Überlegungen und Gefühle (22, S. 155) (16, S. 93) (32, S. 18 + 19) (40, S. 14) (28, S. 60).

-Handlungen mit Sprache zu begleiten kann z. B. auch bedeuten, dass Spielanleitungen oder einzelne Schritte / Anweisungen beim Kochen etc. versprachlicht werden (3, S. 21):

„Zuerst bringen wir das Wasser zum Kochen und geben dann die Nudeln dazu. Jetzt kann ich die Soße machen."

-Das Benennen kann sich auch auf das Verhalten des Kindes, der Bezugsperson oder auch einer anderen Person beziehen (22, S. 155):

„Opa hat sich ganz doll gefreut, als du ihm das Geschenk gegeben hast."

-Handeln Sie gemeinsam mit dem Kind und beziehen es in alltägliche Handlungen mit ein. Stellen Sie dem Kind kleine Aufgaben, machen Sie nicht aus Zeitersparnis alles selbst. Greifen und selbst handeln bedeutet Begreifen (4, S. 44). Das Kind lernt also durch selbstständiges Handeln und nicht dadurch, dass man ihm erzählt, wie man handelt (29, S. 3).

-Es geht um die Vermittlung konkreter Erfahrungen. Sie sind die Basis für die kognitive und sprachliche Entwicklung und sollten in vielfältiger Weise ermöglicht und stets mit Sprache verbunden werden. Anstatt z. B. nur ein Buch über das Brotbacken anzusehen, kann selbst ein Brot gebacken werden. Die dabei neu erworbenen Worte repräsentieren emotionale, soziale, motorische, kreative und kognitive Erfahrungen (13, S. 32) Weitere Situationen sind z. B. das Betrachten von Büchern, Basteln, Experimentieren, Gespräche, Singen, Spielen sowie Spielzeug und dessen Verwendung (40, S. 14).

-Sprache wird im handelnden Dialog erlernt. So z. B. im spielerischen Beschäftigen mit Alltagsgegenständen. Das Kind sollte Sprache als selbstverständliche Begleiterin von Handlungen und Alltag erleben. Hier zeigt sich der Lebensweltbezug der Sprache.

-Versuchen Sie auch das Verhalten und Erleben des Kindes zu versprachlichen und versichern Sie sich, ob Sie das Kind richtig verstanden haben (22, S. 159).

-Nutzen Sie von Geburt an und ohne besondere Anstrengung alle möglichen Situationen und Orte zur Förderung der sprachlichen Entwicklung des Kindes wie z. B. Pflegezeiten, Autofahrten und Spielplatzbesuche (20, S. 252).

-Seien Sie auch sensibel für kleine Entwicklungsschritte des Kindes und nehmen Sie diese wahr (20, S. 276).

-Nehmen Sie sich auch „zwischen Tür und Angel" Zeit für Gespräche mit dem Kind, sowie ausreichend Zeit für längere Gespräche. Beziehen Sie das Kind immer öfter in angemessenem Rahmen auch in Planungen mit ein.

-Bieten Sie dem Kind Materialien für sprachliche Rollenspiele wie z. B. „Einkaufen" an. Diese bieten Erfahrungen im Sprachhandeln (15, S. 12).

-Über das Verbalisieren von Handlungen und Gefühlen ist auch das Vermitteln von Vergangenheitsformen zur Regelableitung durch das Kind sehr gut möglich (40, S. 21):

„Zuerst habe ich heute Äpfel gepflückt und danach Apfelmus daraus gekocht."

Tipp 12: Rituale, Routinen und Wiederholungen

-Die Unterstützung der Sprachentwicklung in Ritualen beginnt schon mit dem „Guten Morgen Sagen" (12, S. 47).

-Rituale geben dem Kind Halt, der ihm wiederum Freiheit schenkt (ebenda, S. 29).

-Es gibt viele wiederkehrende Situationen im Familienalltag, welche verlässliche Anlässe zur Kommunikation geben. So kann und sollte z. B. mindestens eine gemeinsame Mahlzeit pro Tag für einen gemeinsamen Austausch des Tagesgeschehens oder für gemeinsame Planungen genutzt werden. Dabei kommt Jeder zu Wort, wird ernst genommen und erfährt das Gefühl von „ich werde gehört" (10, S. 126). Es werden idealerweise auch spontane ausführlichere Gespräche ermöglicht und erzählt, was einen gerade beschäftigt, erfreut oder bedrückt (3, S. 22).

-Darüber hinaus kann für das Planen der Termine und Aktivitäten der kommenden Woche oder das Besprechen von Problemen auch eine wöchentliche Familienkonferenz in gemütlicher Runde einberufen werden (ebenda).

-Während der ritualisierten Gespräche sollten Radio, Fernseher, Handy usw. ausgeschaltet sein (7, S. 499).

-Stellen sie dem Kind regelmäßig entsprechende Fragen, um es zum Erzählen anzuregen: Fragen Sie nach den Erlebnissen des Kindes, z.B. aus dem Kindergarten, seinen Empfindungen und nach dem, was es gerade bewegt (6, S. 19 und 20).

-Versuchen Sie, beliebte Gesprächsanlässe und Gesprächszeiten des Kindes herauszufinden und für die Kommunikation zu nutzen (ebenda).

-Hören Sie Ihrem Kind zu. Zuhören geschieht nicht nur passiv, sondern unterliegt Regeln, wenn es das Kind motivieren und bestätigen soll. Nehmen Sie das Kind ernst, denn dieses Vertrauen Ihrerseits stärkt sein Selbstwertgefühl. Zeigen Sie dem Kind, dass Sie aufmerksam zuhören, indem Sie sich dem Kind zuwenden und Ihr Interesse z. B. durch Blickkontakt und Mimik signalisieren. Knüpfen Sie außerdem an die kindlichen Äußerungen an und führen Sie das Gespräch mit eigenen Fragen, Erlebnissen und Meinungen weiter und bereichern es (6, S. 20).

-Erzählen schafft auch einen gut aufgeräumten Kopf vor dem Schlafengehen (8, S. 30).

-Auch Spiele und gemeinsames Spielen sind Rituale (12, S. 47).

-Mit etwa 1,5 Jahren beginnen Kinder, Rituale auch aktiv einzufordern. Sie zeigen eine große Liebe zu Wiederholungen, hören gerne immer wieder die gleichen Geschichten und spielen die gleichen Spiele immer wieder ausdauernd. In diesem geschlossenen und vertrauten Rahmen entwickeln sich sprachliche Muster und Sprache beträchtlich. Aus diesem Grunde sollten Sie den Wünschen des Kindes nach Wiederholungen nachkommen (ebenda).

-Die Sprache fördernde Wirkung von Ritualen besteht auch darin, dass Sprache dabei häufig in emotional positiv besetzten Situationen eingesetzt wird. Dadurch fällt der Erwerb leichter und die Motivation zum Sprechen steigt (14, S. 7) (42, S. 21).

-Durch inhaltliche Wiederholungen geben Sie dem Kind wichtige Informationen wiederholt bzw. bieten dem Kind diese an. So kann die kindliche Aufmerksamkeit immer wieder auf eine gleiche Struktur gelenkt werden, die das Kind noch nicht korrekt anwenden kann. Grammatische Strukturen prägen sich dann entsprechend ein und Regeln können abgeleitet werden (32, S. 18 + 19).

-Es kann sich dabei um Wiederholungen der kindlichen, als auch Ihrer eigenen Äußerungen handeln. Außerdem ist sowohl ein bestätigendes Wiederholen korrekter, als auch das Wiederholen von Äußerungen in korrigierter Form möglich (21, S. 103) (22, S. 155) (25, S. 66) (38, S. 32).

-Wichtig bei der Anwendung von Wiederholungen ist die Sensibilität dafür, nicht in ein ständiges Echo zu verfallen, sondern sie gezielt und in Maßen einzusetzen.

-Das Thema der Wiederholungen gleicht sich in vielen Aspekten dem der Rituale.

Tipp 13: Fragen

Fragen sind Teil nahezu jedes Gespräches und bieten bewusst genutzt ebenso die Möglichkeit des positiven Einflusses auf den kindlichen Spracherwerb. Sie ermöglichen das gegenseitige Anbieten von Kontakt durch Kind und Bezugsperson, mit dem Beziehungen zur Umwelt hergestellt und erhalten werden. Darüber hinaus festigen und erweitern Fragen den bisherigen Bestand an Sprach- und Weltwissen des Kindes und durchaus auch von Ihnen als Bezugsperson (48, S. 113).

In der Literatur werden folgende Fragen als besonders spracherwerbs- und beziehungsfördernd eingeordnet. Sie zeigen das Interesse von Ihnen als Bezugsperson an den Äußerungen des Kindes (22, S. 28 + 29) (19, S. 228 + 229):

1.)Sag es genauer Frage:

K: *„Hund."*

B: *„Ja, das ist ein Hund. Was macht der Hund denn gerade?"*

2.)Erzähle mir mehr darüber Frage:

K: *„Guck mal, was ist denn da alles in dem Karton?"*

3.)Denke nochmal darüber nach Frage:

K: *„ Ich bin die Lehrerin und mache Hausaufgaben. "*

B: *„ Bist du dir wirklich sicher, dass die Lehrerin die Hausaufgaben machen muss? "*

4.)Sage es selbst Frage:

K: *„ Was macht der Hund da? "*

B: *„ Tja, was meinst du denn, was er gerade macht? "*

5.)Drücke dich genauer aus Frage:

K: *„ Da ist eine Murmel. "*

B: *„ Wo ist eine Murmel? Ich kann nirgendwo eine Murmel sehen. "*

Weitere Fragetypen sind (28, S. 60) (43, S. 39):

➤ So genannte Quizfragen: *„ Was ist das? "*
➤ Sich selbst beantwortende Fragen: *„ Natürlich magst du nachher noch spazieren gehen? "*
➤ Reformulierungen der kindlichen Äußerung: *„ Magst du das? Das magst du! "*

- ➤ Ja/Nein Fragen: „*Magst du den Hund?*"
- ➤ W - Fragen wie z. B. Was? Wo? Wie? Wer? Weshalb? Wieso? Warum?: „*Was hast du mit Oma gespielt?*" Diese Fragen verfolgen meist eine umfangreichere Antwort des Kindes und sind somit besonders sprachanregend. Das Kind kann hier seine sprachlichen Fähigkeiten austesten, seine Phantasie wird angeregt und es lernt, Zusammenhänge herzustellen und Schlüsse zu ziehen.
- ➤ Alternativfragen: „*Möchtest du lieber Würstchen oder Pommes essen?*"
- ➤ Wiederholte Gegenfragen: „*Was würdest du dann machen?*", regen ebenfalls zu längeren Äußerungen an.
- ➤ Fragen, die das Kind anregen, seine Äußerungen noch einmal zu überdenken: „*Der Hund will die Banane essen? Bist du dir sicher, dass der Hund die Banane essen will?*"
- ➤ Erinnerungsfragen und Rückfragen: „*Erinnerst du dich, als wir in Berlin waren?*" Das Kind wird angeregt, so genannte Kausalschlüsse zu ziehen.

Grundsätzlich ist festzuhalten, dass alle Frageformen in Dialogen vorkommen können und keine von ihnen negative Auswirkungen auf den kindlichen Spracherwerb hat. So kann auch ein quizähnliches Abfragen z. B. beim Durchgehen der Einkaufsliste durchaus angebracht sein. Außerdem wäre es einem fließenden Gespräch nicht zuträglich, immer erst die richtige Frageform abzuwägen. Wie häufig ist eine ausgewogene Mischung mit dem Schwerpunkt auf soeben als besonders förderlich beschriebenen Frageformen sinnvoll. Entscheidend ist, dass häufig längere Gespräche zwischen Ihnen und dem Kind entstehen, in denen das Kind viel richtige Sprache hören kann und die Gelegenheit bekommt, seine eigenen sprachlichen Fähigkeiten zu erproben und zu erweitern.

Wichtig ist daher:

> ➤ Bleiben Sie offen für Fragen und antworten Sie dem Kind.
> ➤ Stellen Sie viele Fragen und zeigen dem Kind durch Nachfragen Ihr Interesse.
> ➤ Reagieren Sie in angemessener Häufigkeit auf die Antwort des Kindes mit einer weiteren, vertiefenden Frage und halten Sie so den Dialog in Gange.
> ➤ Fragen Sie nach, wenn Sie eine Aussage des Kindes nicht verstanden haben.

Tipp 14: Wortschatz

-Zeigen Sie dem Kind die Welt: Machen Sie es mit Gegenständen, Personen, Vorgängen, Phänomenen und Zusammenhängen vertraut, lassen Sie es Erfahrungen mit allen Sinnen machen, Wörter damit verknüpfen und somit sein Weltwissen erweitern (2, S. 48).

-Benennen Sie den Gegenstand, auf den das Kind z. B. zeigt und der gerade Thema ist, immer wieder, um die Aufnahme in den Wortschatz zu unterstützen. Dazu gehört auch, den Gegenstand für das Kind näher zu beschreiben (ebenda, S. 12) (3, S. 17):

„Das ist ein Schraubenzieher. Der hier hat einen roten Griff und ich brauche ihn oft, um etwas zusammenzuschrauben oder zum Öffnen der Schrauben an der Küchenuhr, wenn die Batterien mal wieder leer sind."

-Benennen Sie Objekte, Tätigkeiten und Sachen konsequent mit den gleichen Worten. Dieses erleichtert dem Kind die Sprachwahrnehmung und das Verknüpfen von Handeln und Sprechen, den Aufbau eines Begriffsystemes und das Erkennen von Zusammenhängen zwischen Sprechen und Handeln (25, S. 66). Es kann das Kind z. B. auch verwirren, wenn eine Jacke mal als Jacke und mal als Anorak bezeichnet wird. Andererseits erlangen Kinder durch verschiedene Bezeichnungen einen differenzierteren Wortschatz. Daher sollte je nach Alter des Kindes und individuell für jeden Begriff abgewogen werden. Achten Sie also auch auf Ihren eigenen Wortschatz und verwenden Sie unterschiedliche Wörter, einen abwechslungsreichen Wortschatz, genauere und – wenn angemessen – auch alternative Bezeichnungen (15, S. 9).

-Unterstützen Sie die sensorische Integration des Kindes. Sensorische Integration meint das Zusammenspiel der Sinne, welches sich auch auf die Sprachentwicklung auswirkt (siehe auch das Kapitel zum „Sprachbaum"). Bei der Begriffsbildung zum Wort „Seife" kann der Begriff z. B. folgendermaßen mit allen Sinnen erfasst werden (4, S. 56):

Sehsinn: Größe, Form, Farbe

Tast-, Muskel-, Haut- und Gleichgewichtssinn: längliche Form, glatte, geschmeidige Oberfläche, Gewicht

Hörsinn: Glitschendes Geräusch beim Einseifen der Hände

Geruchssinn: Seifenduft

Geschmackssinn: Seife oder Schaum

Seife in Wasser tauchen: Erfahrung, dass die Seife durch die Finger flutschen kann

-Wiederholen Sie Wörter, damit dem Kind das Wort in verschiedenen Situationen immer bekannter und vertrauter wird. Es ist für das Kind dann leichter zu sprechen, wiederzuerkennen und selbst zu nutzen (2, S. 48).

-Zeigen Sie dem Kind kleine Unterschiede in der Sprache und machen Sie ihm diese bewusst. So genannte „kleine Wörter" wie

„*hinter*" und „*unter*" verkörpern z. B. elementare Unterschiede. Betonen und wiederholen Sie diese Wörter (ebenda, S. 36).

-Bestätigen Sie das Kind, auch wenn es Wörter noch nicht komplett korrekt verwendet und spricht (ebenda, S. 48).

-Zeigen Sie dem Kind z. B. nicht nur den Ball im Bilderbuch, sondern lassen Sie das Kind einen Ball in seiner Umwelt erfahren und benennen.

-Sichern Sie das Verständnis durch nachvollziehbare Be- und Umschreibung von Begriffen.

-Wiederholen und betonen Sie zentrale Wörter und bieten Sie diese Wörter in verschiedenen Kontexten an (30, S. 191).

Kontexte z. B. zu dem Begriff „*Auto*" könnten sein:

Eigenes Auto und dem Kind bekannte Autos anderer Personen, Rennauto (Sport), Taxi, Polizeiauto, Werkstatt, Tankstelle, Waschanlage, Parkhaus, Oldtimer

-Wählen Sie vor allem bei jüngeren Kindern weniger abstrakte Begriffe.

Beispiele: Jacke statt Anorak, Fahrrad statt Mountainbike, Essen kochen statt zubereiten

-Mit ein- und zweijährigen Kindern bietet sich zur Förderung des Wortschatzes das Sprechen über Gegenstände, Personen, Tiere und Orte ihrer unmittelbaren Umgebung an. Der Wortschatz bezeichnet die Welt ihrer Erfahrungen. Ebenso sind bei Kindern in diesem Alter schon Wörter über Gefühle und innere Zustände zum Teil bereits vorhanden und weiter erlernbar (11, S. 50).

Tipp 15: Grammatik

-Kinder müssen viele korrekte Sätze hören, aus denen sie die Regeln der Grammatik ableiten, um dann selbst grammatikalisch richtige Sätze bilden zu können.

-Sie helfen dem Kind, wenn Sie deutlich sprechen, so dass es z. B. die verschiedenen Endungen bei Flexionen (Veränderungen an Wörtern nach den Regeln der Grammatik) gut heraushören und erkennen kann (2, S. 43) (34, S. 10).

-Dazu gehört auch das Zusammenziehen von Wörtern zu vermeiden, wodurch ebenfalls Laute verschluckt werden wie z. B. *„ in Flur "* statt *„ in den Flur "* oder *„ umme Ecke "* statt *„ um die Ecke "* (2, S. 43).

-Seien Sie sensibel für eine angemessene Äußerungslänge, wenn Sie mit dem Kind sprechen, damit Ihre Äußerungen auch verstanden und zur Regelableitung genutzt werden können. (ebenda, S. 29) Beginnen Sie bei kleinen Kindern zunächst mit kurzen, grammatisch und in der Wahl der Wörter einfachen Sätzen. Dabei sind kürzere Äußerungen nicht immer zwingend auch grammatisch einfacher.

-Verwenden Sie auch Konstruktionen mit Nebensätzen und betonen (prosodisches Hervorheben) Sie dabei wichtige Elemente wie z. B. *„weil "*, *„wenn "* oder *„obwohl "* (15, S. 109) (32, S. 18 + 19).

-Vermeiden Sie immer das Sprechen von sich selbst oder dem Kind in der 3. Person Singular , also Sätze wie:

„ Mama holt jetzt das Buch. " „ Was spielt Emma denn da? "
(vermeiden)

„ Ich hole jetzt das Buch. " „ Was spielst du denn da? " (verwenden)

Tipp 16: Literacy

Literacy beschreibt die Fähigkeit, durch Sprache und Schrift zu kommunizieren (50, S. 11). Sie meint ausdrücklich nicht ein frühes Erlernen des Lesens und Schreibens. Auch in unserem medial geprägten Zeitalter sind diese Kompetenzen unverzichtbar. Literacy meint nicht nur, irgendwann Lesen und Schreiben zu können, sondern umfasst zudem alle Erfahrungen und Grundfertigkeiten der Erzähl-, Sprach- und Schriftkultur. Dazu gehören z. B.: Textverständnis, Sinnverstehen, sprachliche Abstraktionsfähigkeit, Lesefreude, Vertrautheit mit Büchern, Schriftsprache und literarischer Sprache, Fähigkeiten sich schriftlich auszudrücken, Erzählkompetenz, Sprachbewusstsein, Aspekte der phonologischen Bewusstheit und Medienkompetenz (ebenda). Erfahrungen und Kompetenzen aus diesen Bereichen sind ein wichtiger Grundstein für die spätere Entwicklung der Schreib- und Lesefähigkeit. Das Kind lernt also schon lange vor Schuleintritt durch Erfahren und Beobachten, welchen Stellenwert Sprechen, Lesen und Schreiben in seiner Umgebung haben (daher wird häufig auch von Early Literacy oder Emergent Literacy gesprochen). Es erkennt außerdem, dass es sich lohnt, Informationen für den späteren Gebrauch und zeitlich sowie räumlich entfernte Personen festzuhalten (Dekontextualisierung). Außerdem wird dem Kind verdeutlicht, dass mit Schrift, Zeichen und Symbolen dem Bedürfnis des miteinander Kommunizierens nachgegangen werden kann (ebenda, S. 12). Es entwickelt ein so genanntes Schriftkonzept, welches das Erkennen der Funktion von Schrift und deren Organisationsmerkmale (z.B. Schreibrichtung) beinhaltet. Häufig imitiert das Kind dann auch Lese- und Schreibhandlungen. Es folgt in der Schulzeit der bewusste und intentionale Erwerb des Lesens und Schreibens.

Die genannten Fähigkeiten entwickeln sich bereits in den ersten Lebensjahren. Dieses kann von Ihnen als primärer Bezugsperson unterstützt werden. Folgende Hinweise sind hier wichtig:

-Notieren Sie mit dem Kind Botschaften und Nachrichten auf Zetteln oder in Briefen und lesen Sie diese später erneut.

-Fertigen Sie Notizen wie z. B. einen Einkaufszettel an und verwenden Sie diesen beim Einkauf.

-„Lesen" Sie mit dem Kind Zeitung und betrachten Sie die Bilder darin.

-Versenden und empfangen Sie mit dem Kind Nachrichten in Form von Briefen, Postkarten, E - Mails, SMS etc. .

-Suchen und erkennen Sie gemeinsam Logos bekannter Firmen und Produkte, z. B. auf Lebensmittelverpackungen. Dazu gehört auch, Informationen und Hinweise auf den Verpackungen zu erkennen und für sich zu verwenden.

-Erkennen Sie mit dem Kind Straßenschilder und Verkehrsschilder und deren Bedeutung wieder.

-Betrachten Sie zusammen Wappen und Flaggen und erkennen diese wieder.

-Halten Sie zusammen vertraute Namen z. B. auf Namensschildern fest und erkennen diese.

-Betrachten Sie mit dem Kind Bilderbücher, Zeitschriften und andere Literatur und lesen dem Kind diese vor. Es erhält Einblicke in Sprache, die über das Hier und Jetzt und über seine eigene Erfahrung hinausgehen. Zudem wird die Phantasie des Kindes über die reale Welt hinaus angeregt.

-Zeigen Sie dem Kind verschiedene Sprachstile und Textsorten (unter Anderem Erzählungen, Gedichte).

-Verfassen Sie im Alltag zusammen mit dem Kind Notizen und Merkzettel.

-Malen und kritzeln Sie mit dem Kind und lassen Sie es Erlebnisse und Geschichten als Bild festhalten.

-Kennzeichnen und etikettieren Sie gemeinsam Behälter (z.B. für Lebensmittel).

-Betrachten Sie mit dem Kind Plakate, Baupläne, Landkarten und Stadtpläne.

-Lesen und nutzen Sie Gebrauchsanweisungen.

-Lassen Sie sich Listen, Geschichten etc. von dem Kind diktieren und halten sie diese vor den Augen des Kindes schriftlich fest. Erfinden Sie auch gemeinsam mit dem Kind Geschichten und schreiben diese auf.

-Lassen Sie das Kind verschiedene Formen von (Schrift-)Zeichen wie Blindenschrift, chinesische Schrift, Symbole, Piktogramme, ägyptische und kyrillische Schrift entdecken.

-Stellen Sie dem Kind ansprechende Schreib- und Büroutensilien zur Verfügung. Diese dürfen auch vielfältig in Form von Pinseln, Kohlestiften, Federn und Tinte sein und beinhalten auch Tacker, Locher, Stempel, Stempelkissen, Büroklammern, Haftnotizen, Pinnwände, Taschenrechner und Lineale. Zentral ist hier auch das Vorhandensein von Papier in Form von Schreibpapier, Heften, Notizklötzen, Adressaufklebern, Etiketten, Kellnerblöcken, Kalendern, Kassenbons, Formularen, Ordnern, Briefumschlägen, Postkarten, Grußkarten und Briefmarken.

Sinnvolles Spielzeug in diesem Zusammenhang können auch Tafel und Kreide, Buchstaben aus Holz oder magnetische Buchstaben, Buchstabenstempel oder auch eine Schreibmaschine zum Spielen sein.

-Lassen Sie das Kind zusehen und beobachten, wie Sie selbst Schriftliches verfassen, lesen etc. .

-Zeigen Sie dem Kind, dass je nach Situation und Gegenüber verschiedene Sprachstile in Gesprächen und Texten verwendet werden. So spricht man z. B. mit einem Polizisten anders als mit einem Freund.

-Förderlich sind außerdem: Telefonieren / Bedienen des Telefones, einfache Preise im Supermarkt zusammenzählen sowie Sprachspiele wie z. B. Abzählreime und Fingerspiele.

Literacy bildet sich nicht in häufig und bewusst geschaffenen Lehr- und Lernsituationen, sondern durch das aufmerksame Entdecken und Handeln mit Sprache und in diesem Falle besonders mit Schrift im Alltag!

Tipp 17: Bücher und Vorlesen

Durch das gemeinsame Betrachten und Vorlesen von (Bilder-) Büchern, welches häufig auch als dialogisches (Bilder-) Buchlesen bezeichnet wird, kann schon bei sehr kleinen Kindern die sprachliche Entwicklung in großem Umfang gefördert werden (51, S. 148). Dazu gehören unter Anderem die Bereiche Zuhören, Sprachgefühl, Einblick in sprachliche Strukturen wie z. B. den Satzbau, Wortschatz, Wissen zu verschiedenen Themen, Phantasie, Verläufe und Spannungsbögen von Geschichten, Erzählkompetenz, die Fähigkeit, sich in andere Personen hineinzuversetzen, Sprachgebrauch (soziale Kompetenzen) und die Beziehung zwischen Kind und vorlesender Bezugsperson (ebenda).

Das dialogische Lesen wird durch die Mischung aus Vorlesen und Erzählen gekennzeichnet. Das Buch ist mit dem vorgelesenen Text und Bildern Gesprächsanlass für das Kind und die vorlesende Bezugsperson (43, S. 4). Besonders bei zwei- bis dreijährigen Kindern ist das dialogische Buchlesen besonders wirksam. Dabei werden vor allem der Wortschatz und später die Grammatik gefördert (49, S. 149).

In der Literatur wird häufig darauf hingewiesen, dass im Rahmen der Förderung des Spracherwerbes die primären Bezugspersonen als Vorleser nicht durch beliebige andere Personen, Hörbücher oder andere technische Dinge (z.B. Tonieboxen TM) zu ersetzen sind. Die klare Struktur wie z. B. Vorlesen, Fragen, Antworten, Zeigen, Erklären sind auch für Sie als Bezugsperson hilfreich und erleichtern die sprachliche Förderung des Kindes. Zudem wird das gemeinsame Buchlesen als hochwertige sprachliche Interaktion eingestuft (6, S. 21). Sprache ist wie erwähnt nur in Interaktion zu erwerben.

Folgende Hinweise lassen sich zu diesem Bereich geben:

-Lesen Sie dem Kind regelmäßig, idealerweise täglich vor. Sie investieren damit nachhaltig in die Bildungschancen des Kindes. Studien zeigen immer wieder, dass zu viele Eltern ihren Kindern nicht oder nur sehr wenig vorlesen.

-Lassen Sie das Kind ein Buch nach eigenem Interesse auswählen. Lesen Sie Lieblingsbücher auch häufig vor, wenn sich das Kind dieses wünscht. Kinder brauchen und mögen Wiederholungen, damit sie Sprache leichter verarbeiten und Regeln ableiten können (17, S. 13).

-Lassen Sie das Kind selbst umblättern und als erstes zeigen und benennen, was es interessiert (30, S. 200).

-Lassen Sie sich auf das Tempo des Kindes ein.

-Greifen Sie die vom Kind aufgegriffenen Themen auf.

-Hören Sie dem Kind genau zu und beachten sie während des Vorlesens und des Gespräches über das Buch auch die nonverbalen Zeichen des Kindes.

-Geben Sie dem Kind neben dem Zuhören des Vorgelesenen auch die Möglichkeit, sich aktiv z. B. durch ein Gespräch über das Gelesene oder Zeigen auf den Bildern zu beteiligen. Machen Sie dazu während des Vorlesens auch immer wieder Pausen (2, S. 45).

-Fragen Sie nach, wenn Sie das Gefühl haben, dass das Kind etwas aus dem Gelesenen nicht verstanden hat.

-Lassen Sie das Kind auch einmal eine Geschichte selbst weitererzählen oder Vermutungen anstellen, wie es in der Handlung oder dem Verhalten einer der Personen weitergehen könnte.

-Nutzen Sie Geschichten und Bilder auch dazu, das Kind nach seinen Meinungen und Erfahrungen zu fragen

-Schaffen Sie für das Vorlesen und Bücher Anschauen eine gemütliche Atmosphäre, z. B. indem Sie es sich mit dem Kind auf dem Sofa gemütlich machen (49. S. 139).

-Lassen Sie sich und dem Kind genug Zeit für die Betrachtung und Auseinandersetzung mit dem Buch (3, S. 23).

-Weisen Sie das Kind auf Situationen und Dinge in dem Buch hin, die es aus seinem eigenen Alltag kennt bzw. entdecken Sie diese Parallelen mit dem Kind gemeinsam (17, S. 13).

-Benennen Sie Gegenstände im Buch, lassen Sie diese von dem Kind suchen und lassen Sie sich vom Kind ebenso solche Suchaufgaben stellen.

-Entwickeln Sie ein Gespräch über das Gelesene, benennen Sie z. B. Dinge, Eigenschaften und Funktionen, was den Wortschatz fördert (2, S. 50).

-Nutzen Sie Wimmel- und Bilderbücher auch für Spiele wie z. B. „Ich sehe was, was du nicht siehst" und stellen Sie Fragen wie z. B.: „Was liegt da hinter der Tonne?" (ebenda).

-Erzählen Sie sich mit dem Kind gegenseitig Geschichten zu einzelnen Szenen in Wimmelbüchern (3, S. 23). Verbalisieren Sie zusammen mit dem Kind, was auf den Bildern passiert (17, S. 13).

-Das Kind wird durch Bücher früh mit der Schriftsprache vertraut gemacht. Nutzen Sie auch schon bei sehr kleinen Kindern verschiedene altersgerechte Buchtypen wie Stoffbücher, Holzbücher, Fühlbücher und Badebücher. Zudem gibt es für Babys Bilderbücher, mit besonders starken und gut sichtbaren Kontrasten und solche mit nicht zerreißbarem Papier. In höherem Alter können neben Büchern mit Bildern und Geschichten auch Kindersachbücher (auch mit Folien und Klappen) gelesen und angeschaut werden. Diese vertiefen vorhandenes Sachwissen und erweitern es. Für Kinder im Vorschulalter sind außerdem (hochwertige) Kinderzeitschriften interessant. Auch gut gestaltete E - Books sind förderlich für die sprachliche Entwicklung. Hier sei jedoch auch noch einmal auf die Notwendigkeit hingewiesen, dass das Kind das Buch mit einer anderen Person zusammen in Interaktion liest bzw. vorgelesen bekommt (51, S. 149).

-Märchen eröffnen dem Kind Einblicke in eine besondere Sprache mit eigenem Vokabular und eigenem Stil sowie eigenen Geschichtsverläufen. Beachten Sie hier jedoch auch negative Aspekte wie z. B. den der Grausamkeit und entscheiden sensibel über das richtige Maß.

-Lesen Sie auch kreativ vor, das heißt, dass Sie eine Geschichte in Figuren, Handlung oder auch dem Ende verändern dürfen. Sie können die Geschichten natürlich auch zusammen mit dem Kind anders spinnen.

-Seien Sie selbst als Lesevorbild für das Kind präsent. Zeigen Sie, dass Lesen zum Leben dazugehört.

Tipp 18: Medien

Das Thema Kinder und Medien - besonders das Fernsehen - wird nach wie vor häufig und kontrovers diskutiert. Dieses scheint sich zu verstärken, seit sich das Angebot besonders an so genannten neuen Medien und entsprechenden Endgeräten in Form von Smartphones und Tablets in den letzten Jahren deutlich erweitert hat. Aufgrund ihrer Präsenz und Beliebtheit nehmen Medien einen hohen Stellenwert für die kindliche Entwicklung ein (51, S. 148). Es wäre zu einfach und nicht korrekt, wie oft im Volksmund behauptet zu sagen, der Umgang mit Medien schade dem Kind in seiner (sprachlichen) Entwicklung, verdränge für die Entwicklung wichtige Handlungen und soziale Interaktion und Kinder seien generell von Medien fernzuhalten. Vielmehr geht es darum, die passenden Medien für das Kind zu wählen und den richtigen Umgang damit zu lernen, damit das Kind Medien bewusst und positiv für sich nutzen kann.

Kompetenzen im Umgang mit Medien sind von hoher Bedeutung in unserer sehr medial geprägten und gesteuerten Welt, in der auch Nutzen und Möglichkeiten von Medien (z. B. auch im Bereich von Schule, Ausbildung und Beruf) ausgeschöpft werden müssen und sollten. Dabei benötigen Kinder zunächst die Unterstützung Erwachsener, um diese wichtigen Quellen für Informationen, Bildung und Unterhaltung sinnvoll und sicher für sich nutzen zu können. Hier geht es unter Anderem um die Auswahl z. B. der Fernsehsendungen, aber auch um die Begleitung beim Nutzen und Verarbeiten von Medienerfahrungen.

Zusammenfassen lassen sich die bereits genannten Aspekte unter dem Begriff der Medienkompetenz, die sich folgendermaßen definieren lässt (52, S. 18):

„Medienkompetenz bedeutet Inhalte zu begreifen und gezielt, verantwortungsbewusst und selbstbestimmt zu nutzen sowie die aktive, eigenständige und handlungsreflektierende Auseinandersetzung mit allen Medien. "

Berechtigt sind jedoch sowohl positive als auch negativ geprägte Sichten auf den kindlichen Medienkonsum, da Medien einerseits durchaus Passivität, Isolation und Überforderung bedeuten, andererseits jedoch auch die Neugierde und Aktivität des Kindes wecken, die Phantasie anregen, Spaß machen und zur Kommunikation anregen können. Außerdem können Kinder z. B. von sinnvoll gewählten Fernsehsendungen profitieren (51, S. 249).

Bezogen auf die Wirkung von Medien ist auch zu beachten, dass Kinder Medieneindrücke z. B. aus dem Fernsehen anders verarbeiten als Erwachsene. Dabei spielen Faktoren wie die individuelle Lebenssituation des Kindes, sein Charakter, Alter, geistiger- und seelischer Entwicklungszustand eine wichtige Rolle und bestimmen darüber, ob z.B. eine Fernsehsendung oder ein Film Interesse, Freude, Angst, Wut, Traurigkeit, Langeweile, Staunen, Verständnis, Verunsicherung, Lachen oder Unverständnis bei einem Kind auslöst.

Medien können auf verschiedene Weise auch zur sprachlichen Entwicklung eines Kindes beitragen. So bieten sie z. B. vielfältige Anlässe zur Kommunikation. Hier ist jedoch erneut entscheidend, dass Sprache in aktiver Interaktion und nicht im passiven Konsum gelernt und erworben wird, es also nicht förderlich ist, das Kind alleine vor dem Fernseher zu „parken", während es sehr förderlich sein kann, zusammen fernzusehen und über das Gesehene in ein Gespräch zu kommen.

Hörspiele bieten dem Kind häufig positive Sprachvorbilder, deren Stimmen besonders intensiv Sprachmelodie, Klangfall, Betonungen, Tempo und Pausen vermitteln (ebenda, 149). Durch den Wegfall der visuellen Seite wird hier zudem besonders die Sprachverarbeitung angeregt.

Eine positive Wirkung auf den Spracherwerb hat Medienkonsum immer dann, wenn das Kind aktiv am Programm teilhat und angeregt wird mitzumachen, was auch mitzudenken bedeuten kann. So können sinnvoll gewählte Apps auf dem Tablet z. B. über die Förderung der Sprachentwicklung durchaus die Kreativität, Reaktionsgeschwindigkeit, das logische Denken und die Motorik des Kindes anregen.

Empirische Untersuchungen schreiben besonders dem Vorlesen (siehe eigenes Kapitel) und dem Hören von Hörspielen ein hohes sprachförderliches Potenzial zu. Bei den audiovisuellen Medien wie dem Fernsehen und den neuen Medien sind die Befunde nicht eindeutig, da hier Aspekte wie die Gestaltung z.B. der Fernsehsendung an sich sowie der Begleitung, die das Kind durch einen Erwachsenen dabei erfährt, und den Eigenschaften des Kindes selbst eine wichtige Rolle spielen (ebenda, S. 150). Das Problem sei häufig, dass vorhandenes Förderpotenzial nicht genutzt werde, da Kinder häufig mit Medien allein gelassen werden (ebenda).

Wichtige Tipps zur (spracherwerbsförderlichen) Mediennutzung:

-Helfen Sie dem Kind bei der Auswahl angemessener Medien wie z. B. Fernsehsendungen, Hörspielen aber auch am Computer, Smartphone oder Tablet genutzter Inhalte. Suchen Sie z. B. Fernsehsendungen oder Apps gemeinsam aus, die für das Alter des Kindes geeignet sind und auch seinen Interessen entsprechen. Es macht sicher oftmals Sinn, wenn Sie bereits eine Vorauswahl treffen, aus der das Kind wählen darf. Begründen Sie dem Kind in sinnvollen Fällen, warum es eine bestimmte Sendung nicht ansehen darf.

-Je älter das Kind ist, desto mehr Raum für Mitbestimmung kann ihm eingeräumt werden.

-Wählen Sie Medien, die das Kind zum Sprechen und Mitmachen anregen. Das können z. B. Hörspiele sein, die zum Mitsingen oder Tanzen anregen oder auch Sendungen, die Wissen vermitteln (z.B. „Die Sendung mit der Maus", so genanntes Edutainment) oder kreative Vorschläge enthalten. Eine besondere Unterstützung bei der Begleitung von Kindern beim Fernsehen bietet „Die Sendung mit dem Elefanten", bei der gleichzeitig Tipps für Eltern eingeblendet werden, wie sie auf den entsprechenden Teil der Sendung z. B. durch Erklärungen und Spielideen förderlich auf das Kind eingehen könnten.

-Auch das gemeinsame Fernsehen und darüber Sprechen regt die Sprachentwicklung in Form einer sprachlichen Auseinandersetzung mit den gesehenen und darüber hinausgehenden Inhalten an (2, S. 68). Der Fernseher alleine ermöglicht dem Kind wie bereits angesprochen keine Rückmeldungen und kein Nachfragen.

-Begleiten Sie das Kind bei der Mediennutzung und lassen Sie es nicht alleine. So können Sie sofort reagieren, wenn das Kind z. B. Fragen hat oder ängstlich ist. Und Sie können positive und lustige Erlebnisse umgehend miteinander teilen. Der Fernseher alleine regt das Kind nicht zum Sprechen an. Es muss z. B. leise sein, um alles mitzubekommen. Seien Sie dem Kind ein Ansprechpartner während der Sendung und reflektieren Sie gemeinsam Fragen wie z. B. „Was ist gerade lustig / traurig und warum?" oder „Warum mag man eine bestimmte Person in dem Film nicht?"

-Stellen Sie mit dem Kind zusammen einen Bezug zu dessen Interessen und Lebenswelt im Alltag her (3, S. 27).

-Geben Sie dem Kind Nutzungszeiten und Nutzungsdauer vor und vereinbaren Sie feste Regeln z. B. zu den erlaubten Inhalten, deren Nichtbeachtung entsprechende Konsequenzen haben sollte.

Es gibt zahlreiche Empfehlungen von Medienzeiten zu verschiedenen Altersstufen im Vorschulalter. Ein Konsens bildet sich in etwa folgenden Angaben:

Bis 3 Jahre → keine Medien außer Musik / Hörspielen und Büchern

3 - 5 Jahre → etwa 30 Minuten Mediennutzung pro Tag

Ausnahmen können z. B. ein besonderer Kinderspielfilm, ein Fernsehabend mit der Familie oder auch besondere Situationen wie z.B. Krankheit sein.

-Nutzen Sie Medien niemals zum passiven „Ruhigstellen" des Kindes und nicht als erzieherische Maßnahme als Belohnung oder Bestrafung (Fernsehverbot) für das jeweilige Verhalten des Kindes. Sinnvoll genutzt, können Medien jedoch durchaus auch einen guten Ausgleich zu sehr unruhigen Situationen wie z.B. in Teilen des KiTa - Alltages bieten, wenn danach z.B. zu zweit gemeinsam als Kind und Bezugsperson ferngesehen wird.

-Sprechen Sie über Gehörtes und Gesehenes, um es gefühlsmäßig und damit auch sprachlich und in Gedanken besser zu verarbeiten. Dabei geht es ausdrücklich nicht in erster Linie um das Verarbeiten negativer Erfahrungen, sondern Verarbeiten meint hier z. B. auch das Verinnerlichen von neu gewonnenen Informationen und (sprachlichem) Wissen sowie das Verbalisieren von Gefühlen. Sprechen Sie z. B. über gehörte Geschichten oder singen Sie zusammen gehörte Lieder. Kinder verarbeiten Medienerlebnisse zudem oft auch selbstständig durch Nachspielen, Erzählen oder auch das Malen von Bildern.

-Lassen Sie Medien nicht als Berieselung nebenbei laufen, während das Kind sich auf andere Dinge konzentriert. Sprache sollte kein Nebenbeigeräusch sein, sondern anhand von Medien auch das bewusste Zuhören geübt und umgesetzt werden. Hier bergen Medien wie z. B. Videos auf YouTube oder DVDs die Gefahr, dass sie jederzeit wiederholt oder „zurückgespult" werden können. Achten

Sie darauf, dass sich das Kind daran nicht gewöhnt und im Medienkonsum entsprechend aufmerksam und konzentriert ist. Ansonsten sollte das Medium gewechselt oder auch ausgeschaltet und eine andere Aktivität (z.B. Spiel mit Spielzeug, Lesen eines Buches) gewählt werden. Die Wiederholbarkeit z. B. von ganzen (auch kurzen) Filmen oder auch Hörspielen bietet beim aufmerksamen Verfolgen des Inhaltes jedoch auch die gute Möglichkeit, durch die verschafften Wiederholungen sprachlich zu profitieren (51, S. 149) und kann das Kind z. B. bei der Ableitung grammatischer Regeln unterstützen.

-Schalten Sie Medien auch manchmal bewusst aus oder lassen diese ausgeschaltet und unternehmen Sie gemeinsam etwas Anderes wie z. B. einen Spaziergang oder einen Spielenachmittag.

-Zu betonen ist noch einmal besonders der Umgang bzw. die Auswahl an Spielen für Computer oder Spielekonsole, da diese häufig verschiedene Gewaltformen zum Thema haben (solche Spiele sind für Kinder generell ungeeignet) und auch hier eine Zeitbegrenzung unbedingt erforderlich ist.

-Seien Sie ein Vorbild für das Kind und reflektieren regelmäßig Ihr eigenes Medienverhalten, welches Sie dem Kind vorleben. Stellen Sie sich Fragen z. B. wie oft und wie lange Sie selbst fernsehen, ob Sie eher Entspannung oder Informationen suchen, zappen oder Sendungen bewusst schauen oder Fernsehen als Nebenbeimedium nutzen. Dieses lässt sich auch auf andere Medien wie z. B. Computer, Tablet oder Smartphone anwenden (3, S. 26).

Ein generelles Verbot von Medien für Kinder ist unrealistisch. Stattdessen ist das Erlernen eines sinnvollen Umganges mit Medien anzustreben (ebenda).

Tipp 19: Phonologische Bewusstheit

Der Bereich der phonologischen Bewusstheit ist eng mit dem der Literacy verbunden- beide beeinflussen sich wechselseitig. Auch die phonologische Bewusstheit beinhaltet Einsichten in sprachliche Strukturen, allerdings bezogen auf den phonologischen Bereich ohne Beachtung des Inhaltes. Sie ist eine wichtige Vorläuferfertigkeit für den Schriftspracherwerb, da Schreiben die Umwandlung gesprochener Laute in Schriftzeichen und Lesen das Umsetzen von Schriftzeichen in Laute erfordert (50, S. 13). Die Vorhersagekraft der phonologischen Bewusstheit auf den Verlauf des späteren Schriftspracherwerbes ist empirisch gut belegt.

Fähigkeiten der phonologischen Bewusstheit sind z. B. das Erkennen und unterscheiden von Geräuschen, das Gliedern von Wörtern in Silben (unter Anderem das so genannte Silbenklatschen), das Erkennen von Reimen und das Heraushören von Lauten (ebenda).

Folgende Hinweise lassen sich darüber hinaus geben:

-Aufgaben zum genauen Hinhören, Silbenklatschen und Spiele mit Reimen wie z. B. auch Finger- oder Singspiele fördern bereits bei jüngeren Kindern die Kompetenzen der phonologischen Bewusstheit.

-Gezielte Übungen für diesen Bereich sollten ein fester Bestandteil der Vorschularbeit jeder KiTa sein. Hierzu liegen auch einige Trainingsprogramme vor.

Tipp 20: Verhalten und Erziehung

-Erziehung allgemein und sprachliche Erziehung überschneiden sich in vielen Punkten, da unser Verhalten meist auch sprachliches Verhalten ist.

-Die voranschreitende Sprachentwicklung trägt auch zum Selbstständigwerden des Kindes bei. Umgekehrt kann sich ein Bremsen der Autonomieentwicklung des Kindes negativ auf dessen Spracherwerb auswirken (33, S. 17).

-Ideal wäre, wenn sich die Bezugspersonen der Erziehungsaufgabe stellen und dazu bereit sind, die Lebensentwürfe des Kindes mit den eigenen zu verbinden.

-Sie helfen dem Kind bei diesen wichtigen Entwicklungen, wenn Sie positiv und mit Respekt auf die eigenständigen Aktivitäten des Kindes reagieren und seine Selbstständigkeit unterstützen (20, S. 176).

-Unterstützen Sie das Selbstbewusstsein und Selbstwertgefühl des Kindes (45, S. 85). So hat es z. B. eine fördernde Wirkung auf das Kind, wenn die Bezugspersonen positiv über es selbst und seine Sprache sprechen (46, S. 109).

-Übertragen Sie dem Kind auch Verantwortung für sein eigenes sprachliches Lernen, indem sie es z. B. anregen, seine Bedürfnisse und Fragen in diesem Bereich zu äußern. Achten Sie jedoch auch darauf, das Kind in der Eigenverantwortung nicht alleine zu lassen (20, S. 275).

-Lassen Sie das Kind im sprachlichen Bereich merken, dass es mit Sprache etwas bewirken kann, wie z. B. wenn Sie es wählen und äußern lassen, welchen Belag es auf sein Brötchen haben möchte (17, S. 14). Gehen Sie dabei auf die Bedürfnisse des Kindes in der jeweiligen Situation ein (20, S. 179).

-Lassen Sie das Kind die „Macht der Worte" merken, nämlich die motivierende Erfahrung, dass mit Sprache allgemein und korrektem, verständlichen Sprechen besondere Ziele erreicht und zur Befriedigung der eigenen Wünsche und Bedürfnisse beigetragen werden kann. Der Mensch lernt Sprache nicht um ihrer selbst willen, sondern aus der Erkenntnis heraus, dass sich die damit verbundene Anstrengung für ihn persönlich lohnt und ihm Nutzen bringt.

-Motivieren Sie das Kind, indem Sie es loben, sich an seinen Interessen und Erfahrungen orientieren und zusammen Spaß an der Kommunikation haben. Machen Sie dem Kind Mut, sich auch an neue, unbekannte (sprachliche) Sachen heranzutrauen (2, S. 48). Dabei sollte das Kind auch in seinen Handlungen alles, was es schon kann, selbst machen dürfen, dazu ermuntert werden und nicht zu viel abgenommen bekommen (7, S. 31 + 44). Hier greift auch das Zitat „Hilf mir, es selbst zu tun" von Maria Montessori.

-In den Bereich der sprachlichen Erziehung gehört neben den gängigen Gesprächsregeln auch die Erkenntnis, dass je nach Rolle, Situation und Gesprächspartner zum Teil anders gesprochen wird. So spricht man z. B. mit einem Polizisten anders als mit einem Freund (10, S. 134).

-Zur sprachlichen Erziehung gehört auch, dem Kind gegebenenfalls deutlich aufzuzeigen, welches sprachliche Verhalten jeweils erwünscht und welches unerwünscht ist (20, S. 275) (22, S. 155).

-Die mit der Erziehung des Kindes betrauten Personen sollten sich sowohl in der Erziehung allgemein, als auch in deren sprachlichen Bereich in Verhalten, Richtung, Regeln und Werten einig sein. Widersprüche hemmen den erzieherischen Erfolg, verunsichern das Kind und können es auch in einen personellen Zwiespalt bringen, wenn z. B. zwei von dem Kind sehr geschätzte Bezugspersonen entgegengesetzt handeln oder sich gar gegeneinander ausspielend verhalten (4, S. 52). Das Interesse an Erziehungsfragen ist zudem Indikator für das erzieherische Engagement der Bezugspersonen (33, S. 17).

-Schulen Sie die Verhandlungs- und Beschwerdefähigkeit des Kindes z. B. in Form von Bilden, Formulieren und Äußern einer eigenen Meinung durch das Kind (1, S. 59) (15, S. 13) (16, S. 93).

-Vermeiden Sie als erziehende Person so genannte „Double - Bind - Botschaften". Diese beinhalten einen Widerspruch in verschiedenen

Elementen der Sprache, z. B., wenn Sie innerlich vor Wut kochen, aber ruhig und freundlich sprechen:

„Möchtest du nicht aufhören, mit der Tusche an der Wand zu malen?"

Dieses verwirrt das Kind, da es meist noch keine Ironie und Sarkasmus versteht. Sprechen Sie so mit dem Kind, dass Inhalt, Wortwahl, Intonation, Gestik, Mimik und Betonung ein stimmiges Gesamtpaket ergeben (8, S. 35).

-Formulieren Sie auch Aufträge eindeutig als Auftrag und nicht als Frage - Sie möchten ja keine Antwort bekommen, sondern dass das Kind dem Geforderten nachkommt (10, S. 132):

„Kommst du da bitte runter?" → *„Komm bitte da runter!"*

-Lassen Sie zu, dass Meinungsverschiedenheiten auch diskutiert werden, wenn dieses in Thema und Situation sinnvoll erscheint.

Tipp 21: Schimpfwörter

Kinder haben häufig Spaß an Schimpfwörtern und besonders an deren Wirkung auf Erwachsene. Zu tun, als gebe es diese Wörter nicht, sie einfach zu überhören oder ein generelles Verbot wären unrealistisch und würden den Gebrauch von Schimpfwörtern umso interessanter machen. Stattdessen sollten Kinder klare Reaktionen und eindeutige Grenzen bei der Wortwahl erfahren und den richtigen und angemessenen Umgang mit Sprache lernen. Dazu gehört besonders zu erkennen, was Wörter bei einem Gegenüber auslösen können. Hier geht es durchaus auch um positive Wirkungen, jedoch im Zusammenhang mit Schimpfwörtern auch um die Möglichkeit, Worte als eine Art Waffe zu benutzen und z. B. Beleidigungen oder tiefgreifende Kränkungen bei anderen Menschen auszulösen. Kinder sind häufig stolz oder sogar erschrocken, was Worte bewirken können und brauchen oft noch Hilfe, um sich in andere Personen und deren Gefühle hineinzuversetzen.

Häufig wissen Kinder auch nicht, was die verwendeten Wörter eigentlich bedeuten und wie sie wirken können, weswegen es sinnvoll ist, das offene Gespräch zu suchen. Das Kind hat somit die Möglichkeit zu lernen, unabhängig von der Thematik der Schimpfwörter, Sprache zielgerichtet und verantwortungsvoll einzusetzen (8, S. 34).

Das Potenzial von Schimpfwörtern, die Atmosphäre z. B. in Familie und KiTa zu belasten, der Druck und die Gewalt der „Macht der Worte" ist nicht zu unterschätzen (10, S. 86). Dieses zeigt die Notwendigkeit, wie oben beschrieben entgegenzuwirken, verlangt jedoch andererseits auch, dass Sie sich selbst dem Kind gegenüber ebenfalls in Ihrer Wortwahl entsprechend überlegt und angemessen verhalten und ihm ein Vorbild sind.

-Eine Hilfe für das Kind könnte sein, wenn Sie von ihm geäußerte Schimpfwörter in einen passenden Gefühlsausdruck übersetzen und dabei klare Grenzen setzen (1, S. 74):

„Ich bin keine blöde Kuh, aber ich merke, dass du dich gerade über mich ärgerst. "

-Als weitere Idee könnten Schimpfwörter, die z. B. in der Familie nicht mehr geäußert werden sollen, aufgeschrieben und symbolisch in eine Dose gesperrt werden (ebenda, S. 75).

Tipp 22: Nonverbale Zeichen

-Begleiten Sie Ihre Lautsprache stets mit Gestik (Bewegungen von Armen, Händen und Kopf) und Mimik (Gesichtsausdruck) (30, S. 191) (32, S. 18 + 19) (40, S. 10).

-Sie geben dem Kind durch nonverbale Zeichen zusätzliche Informationen, was für ein besseres, erleichtertes und sichereres Verständnis seitens des Kindes sorgt (2, S. 36) (3, S. 17).

-Beobachten und beachten Sie auch die nonverbalen Zeichen, die das Kind an Sie sendet. Hören Sie zudem genau zu (30, S. 191).

-Achten Sie ebenfalls auf die Reaktion des Kindes auf Ihre nonverbalen Zeichen (ebenda).

-Mimik und Gestik sind neben der Verständnissicherung auch in der Lage, die kindliche Aufmerksamkeit auf wichtige Informationen in Ihren Äußerungen an das Kind zu lenken.

Tipp 23: Spaß an Sprache

-Die Freude an Sprache, Sprechen und Kommunikation sollte als wichtiger Aspekt angesehen und deren Erhalt angestrebt werden (38, S. 32).

-Spaß zu haben fördert die Sprechfreude (22, S. 93).

-Bieten Sie dem Kind Sprache als etwas an, das Spaß macht. Machen Sie z.B. zusammen Quatsch mit Lautierungen oder Wörtern, Lautmalereien oder Reimen. Lassen Sie das Kind Sprache nicht als etwas erfahren, das mühevoll zu erlernen ist und bei dem man vieles falsch machen kann (27, S. 42).

-Spielen mit Sprache und Sprechen bedeutet: Spaß, Sprechfreude, Motivation, kreatives Umgehen mit Sprache und dem Sprechen, Sprache mit Freude erlernen, experimentieren, ausprobieren und damit auch neue Einblicke in Sprache zu erhalten (2, S. 13 + 64).

-Spiel und Humor sollten in Gesprächen nicht zu kurz kommen.

-Kinder haben Spaß, wenn sie aktiv und kreativ sein, Eigeninitiative zeigen und etwas bewirken können (ebenda, S. 75).

-Kinder wollen von Natur aus spielen und lernen (ebenda). Spaß entsteht aus Freiwilligkeit.

-Kinder lernen nicht aus Vernunftdenken, sondern aus Motivation und Spaß heraus, wenn sie von Sachen gepackt und gefesselt sind und Neugierde entwickeln. Kinder lassen sich nicht zum Lernen zwingen (ebenda, S. 74)! Die beste Unterstützung für die Sprachentwicklung des Kindes ist daher, seine Sprechfreude zu wecken (ebenda, S. 75).

-Sehen Sie das Kind auch im Spiel als gleichwertigen Partner an. Es kann im Spiel schließlich manchmal auch besser als ein Erwachsener sein (ebenda).

-Spiele für Kinder in den ersten Jahren des Spracherwerbes sind z. B.: „Guck guck" Spiele, Kniereiter - Verse, Kinderverse und -lieder und Fingerspiele. Sie alle leben ebenfalls von häufigen Wiederholungen, die von dem Kind auch eingefordert werden (ebenda) (20, S. 178).

-Spielen Sie auch mit Sprachmelodie, Lautstärke und Betonung. Verändern und variieren Sie hier. Dieses wird von dem Kind aufgenommen und schließlich selbst benutzt. Es entdeckt so verschiedene Möglichkeiten und Variationen von Sprache (7, S. 31).

-Auch gemeinsames Singen mit dem Kind und beispielsweise zusammen (auf dem Arm) Tanzen gehören zu diesem Bereich (ebenda).

Tipp 24: Positive Aspekte – oder was man öfter tun sollte...

-Loben und Ermutigen Sie das Kind (38, S. 32).

-Vorlesen (siehe auch eigenes Kapitel in diesem Buch)

-Rollenspiele wie z. B. Einkaufen oder Telefonieren nachspielen (7, S. 39).

-Einen Kurs zur musikalischen Früherziehung besuchen (ebenda).

-Musikalische Interaktion: Alltagsroutinen und Übergänge zwischen diesen lassen sich mit Singen etc. leichter bewältigen. Musik und Sprache helfen beim Aufbau von Beziehungen und teilen etwas mit. Mit Musik können Eigenschaften bezeichnet und Stimmungen vermittelt werden (21, S. 64).

-Die körperliche Entwicklung des Kindes z. B. durch Rollerfahren, Schwimmen, Laufen, Klettern, Schaukeln, Ballspielen, Skaten etc. fördern. Diese Aktivitäten fördern jeweils auch die Sprache (7, S. 39).

-Unterstützen Sie die Entwicklung der Feinmotorik des Kindes z. B. durch Malen, Basteln, Schneiden, Weben, Kleben, Perlenstecken etc. . Die Feinmotorik der Hände ist im Gehirn mit der Feinmotorik des Mundes verbunden (ebenda).

-Zeigen Sie durch Nachfragen Interesse an den Äußerungen des Kindes (9, S. 48):

K: *„ Baum geklettert. "*

B: *„ War das ein hoher Baum, auf den du geklettert bist? "*

-Aus dem institutionellen Rahmen wie z. B. aus Kindertagesstätten kommt das Herstellen von Kind - Kind - Interaktionen (so genannte Redirects) durch Erwachsene aus der Situation heraus, dass sich ein Kind an einen Erwachsenen statt an ein anderes Kind wendet. Dabei werden sprachliche Interaktionen zwischen Kindern vermittelt (21, S. 75):

K: *„ Malst du mir ein Pferd? "*

B: *„ Frag doch mal Emma, ob sie das macht. Sie kann so tolle Pferde malen. Kannst du ihr erzählen, wie das Pferd genau aussehen soll? "*

-Versuchen Sie, dem Kind stets Spaß am Sprechen zu vermitteln (ebenda, S. 103).

-Auch bei häufig fehlerhaften Äußerungen des Kindes sollten Sie die Kommunikation niemals aufgeben (38, S. 32).

-Kommen Sie auch über und mittels Büchern, Puzzles und Spielen in das Sprechen (40, S. 3):

K: *„Ich habe eine Fünf gewürfelt.“*

B: *„Was kannst du jetzt machen?“*

K: *„Dich rauswerfen!“*

B: *„Oh nein – ich muss wieder ganz von vorne anfangen!“*

-Über Gesellschaftsspiele in ein Gespräch zu kommen, bedeutet Handlungen zu verbalisieren, Fragen zu stellen und Begriffe wie z.B. Abbildungen auf dem Spielplan zu besprechen. Teamspiele erfordern zudem, sich abzusprechen und Handlungen gemeinsam zu planen und auszuhandeln. Häufig müssen auch Spielregeln erklärt oder bei verschiedenen Meinungen über diese verhandelt oder nachgeforscht werden (z.B. durch Vorlesen der Spielanleitung).

-Eine Bitte oder ein Auftrag sollte in zeitlich richtiger Abfolge genannt werden (40, S. 9):

„Bitte räume die Autos ein, dann essen wir den Pudding!“ statt

„Wir essen keinen Pudding, so lange du die Autos nicht eingeräumt hast!“

Tipp 25: Negative Aspekte – oder was man nicht tun sollte…

-Halten Sie das Kind nicht zum Nachsprechen an, wenn es zuvor etwas falsch geäußert hat und vermeiden Sie zudem direktes Korrigieren und Kritisieren. Wiederholen Sie sprachlich falsche Äußerungen des Kindes nicht (7, S. 31) (30, S. 190). Wenden Sie stattdessen die beschriebenen Modellierungstechniken an (2, S. 64).

-Verwenden Sie dem Kind gegenüber keine markierten Korrekturen wie z.B.:

„Das sagt man aber so: … .“

-Zwingen Sie das Kind nicht zum Sprechen:

„Sag Danke für das Würstchen!“

Es fällt dem Kind zum Teil noch schwer, Sprache und Sprachkompetenzen gegenüber Fremden oder in bestimmten Situationen abzurufen, obwohl die Formen eigentlich beherrscht werden (12, S. 28).

-Führen Sie das Kind weder mit richtigen, noch mit fehlerhaften Äußerungen jemandem anderen vor (*„Sag doch mal...“*) (2, S. 64). Freuen Sie sich über witzige Verdrehungen, Äußerungen oder Wortschöpfungen des Kindes, stellen Sie es aber nicht bloß und veralbern Sie es nicht (7, S. 31). Vermeiden Sie das Lachen über Sprechpatzer des Kindes. Es kann das Kind kränken und ihm die Freude an weiteren Sprechversuchen nehmen. Ebenso kann Lachen als Bestätigung für Richtiges gesehen werden, was jedoch nicht korrekt geäußert wurde. Natürlich darf man aber gemeinsam Spaß an Sprache und komischen sprachlichen Äußerungen haben (ebenda, S. 32).

-Zwingen Sie das Kind ebenfalls nicht zu Wiederholungen oder dem Sprechen allgemein:

„Sag der Oma mal, was du vorhin gesagt hast!“

„Du bekommst erst etwas zu trinken, wenn du ‚trinken‘ sagst!“

-Unterbrechen Sie das Kind möglichst selten in seinen Äußerungen (2, S. 64).

-Vermeiden Sie das ausschließliche Sprechen in der so genannten „Babysprache“. Nennen Sie dem Kind z. B. nicht nur den Laut eines Tieres (*„wau wau“*), sondern auch dessen Bezeichnung (*„Hund“* bzw. *„Das ist ein Hund und der macht wau“*) (ebenda).

-Fragen Sie das Kind nicht wie in einem Quiz ab. Das Kind wird dann zum passiven Antwortgeber und das sprachliche Niveau des Kindes wird unterschritten. Dieses kann auch zur sprachlichen Verweigerung führen (37, S. 67) (40, S. 10).

-Achten Sie nicht nur auf die Sprechweise des Kindes, sondern legen Sie Ihre Aufmerksamkeit auf den Inhalt des Gesagten (2, S. 64).

-Vermeiden Sie Befehle, Anordnungen, Ermahnungen, Drohungen, Verurteilungen, Kränkungen und Beschuldigungen. Diese sind wenig sprachfördernd, da ihre Formulierungen sehr knapp sind und wenig sprachliche Informationen bieten. Machen Sie sich zudem die Macht von Worten bewusst und üben Sie keine sprachliche Gewalt aus. Das heißt natürlich nicht, dass eine Erziehung des Kindes mittels Sprache nicht notwendig wäre. Es kommt jedoch auf den Inhalt und die Formulierung an, ob eine Aussage einen erzieherischen Auftrag umsetzt oder ob sie das Kind verletzt, ohne dass es danach weiß, welches Verhalten in dem Moment angebrachter gewesen wäre (5, S. 133) (30, S. 190). Beispiele für nicht angebrachte Äußerungen wären:

„Tisch abräumen! Sonst kein Fernsehen!"

„Das war ja klar, dass du da wie immer nicht dran denkst."

-Spracherwerbshemmend sind zudem unregelmäßige, häufig wechselnde Betreuer und damit verbundene unübersichtliche Beziehungsverhältnisse für das Kind. Damit ist jedoch nicht die reguläre Betreuung z.B. in einer U3 Gruppe einer Kindertagesstätte gemeint (7, S. 26).

-Den Spracherwerb stören zudem seelische und / oder körperliche Vernachlässigung (ebenda).

-Zu vermeiden sind auch unregelmäßige Lebensrhythmen wie z. B. stark wechselnde Schlaf- und Wachzeiten (ebenda).

-Achten Sie bei dem Kind auf ausreichend Anregung durch Bewegungs- und Sprachangebote (ebenda). Sprechen Sie nicht zu wenig mit dem Kind und gestalten Sie das Sprachangebot nicht zu einfach (42, S. 23).

-Reden Sie jedoch auch nicht pausenlos auf das Kind ein, ohne auf dessen Reaktion zu achten und einzugehen (9, S. 46). Übernehmen Sie nicht zu große Anteile an gemeinsamen Gesprächen. Drängen Sie sich sprachlich also nicht auf. Es genügt, mit dem Kind zu sprechen, wenn es die Situation ergibt oder erfordert oder wenn das Kind mit Ihnen kommunizieren will. Nicht die Masse ist gut und wichtig, sondern Sprache im richtigen Moment (30, S. 191).

-Vermeiden Sie einen Lärmteppich: Dieser entsteht, wenn z. B. Radio, Fernsehen oder Hörspiele nicht bewusst gehört und eingesetzt werden, sondern als Hintergrundlärm ohne Beachtung nebenbei laufen (7, S. 26).

-Lassen Sie dem Kind genügend eigene Zeit zur freien Verfügung für sich. Es wirkt sich auch negativ auf die sprachliche Entwicklung aus, wenn alle Tage komplett ver- und durchgeplant sind und durch zu viele Freizeitaktivitäten und wöchentliche Termine Stress entsteht (ebenda, S. 49).

-Die sprachliche Entwicklung des Kindes blockieren können auch Stress, Unruhe, Chaos und Streit (ebenda). Hektik lässt keine Zeit für Gespräche zum Lernen (29, S. 2).

-Negativ wirkt sich auch der Konsum von Gewaltfilmen und entsprechenden Spielen über Spielekonsolen aus (7, S. 49).

-Verwenden Sie Metaphern, Ironie und Sarkasmus nicht bzw. nur sensibel und gut überlegt. Kinder verstehen diese sprachlichen Formen noch nicht und nehmen sie häufig wörtlich (5, S. 135) (15, S. 13)!

-Helfen Sie dem Kind nicht zu viel. Damit verwehren Sie ihm Lernchancen (29, S. 2).

-In Bezug auf die Komplexität der Äußerungen gegenüber dem Kind sollte nicht zu viel Neues und für das Kind noch Unbekanntes auf einmal eingeführt werden.

Tipp 26: Zum Sprechen mit sehr kleinen Kindern

-Sprechen Sie bereits ab der Geburt viel mit dem Kind, auch wenn es sicher nicht immer alles versteht (10, S. 132).

-Greifen Sie kommunikative (Laut-) Äußerungen des Kindes auf, erweitern Sie diese und äußern und erklären weitere Dinge dazu in altersgerechter Form (3, S. 17).

-Biologisch veranlagte Fähigkeiten zur Sprache können sich nur entfalten, wenn das Interesse des Kindes an Kommunikation passend aufgegriffen und unterstützt wird (30, S. 185).

-Schaffen Sie Kommunikationssituationen, die das Kind als positiv empfindet (ebenda, S. 191).

-Bennen Sie Sachen und Gegenstände, Personen und Vorgänge deutlich (3, S. 17 + 28).

-Warten Sie z. B. in Spielsituationen auch auf Aufforderungen des Kindes an Sie und führen diese aus (ebenda).

-Sprechen Sie anfangs in etwas höherer Stimmlage zu dem Kind. Nehmen Sie jedoch im Laufe der Zeit fortlaufend Ihre eigene Stimmfärbung wieder an (7, S. 25).

-Ermöglichen Sie dem Kind zur Unterstützung des Spracherwerbes viele Sinneserfahrungen z. B. mit Bewegung, Greifen, Lutschen, Hören oder Sehen (ebenda).

-Auch und gerade für kleine Kinder wichtig ist der Grundsatz, dass direktes Erleben und Handeln ein wichtiger Motor der Sprachentwicklung sind. So sollten Handlungen und alltägliche Sachen wie z. B. das Einkaufen als Anlass für Benennungen und zum Sprechen genutzt werden (12, S. 51 + 52).

Tipp 27: Was sonst noch wichtig ist

-Sprachfördernd ist auch das Beachten von Strukturen wie z. B. dem Ordnen von Gegenständen im Alltag - „den Dingen einen Platz geben" oder das Einhalten von Pünktlichkeit / Verlässlichkeit, z. B. auch beim Bringen und Abholen aus der KiTa (10, S. 121).

-Schaffen Sie Hörerlebnisse, z. B. durch das Hören nach Geräuschen des Alltages oder bewusst gehörte Hörspiele. Hören schult das Sprachverständnis, regt zum selbst Sprechen an und fördert damit auch die Fähigkeit zur Sprachproduktion (9, S. 45).

-Die Erzählfähigkeiten und die Motivation zum Erzählen können unter Anderem durch (selbst gemalte) Bilder, Kamishibai (Papier-Erzähltheater, welches zu vielen bekannten (Bilder-) Büchern erhältlich ist) oder begonnene Geschichten, die das Kind weitererzählen kann, angeregt werden (15, S. 13).

-Wünschenswert wäre es, wenn die Bezugspersonen intuitiv die sprachlichen Bedürfnisse des Kindes spüren (28, S. 9).

-Ab dem Vorschulalter sollte mit dem Kind in angemessener Schwierigkeit auch metakognitiv / metasprachlich über sprachliche Aspekte und Veränderungen nachgedacht werden (Sprechen über Sprache) (20, S. 275):

„Ich sage oft ‚gewunken‘, dabei heißt es ‚gewinkt‘, obwohl das doch irgendwie komisch klingt, oder?"

„Auf dem Schal ist ein Wal aufgedruckt. Oh- das reimt sich ja sogar!"

-Das Sprachangebot hat auch Einfluss auf das Sprachverständnis: Regelmäßiges Vorlesen und Erzählen von Geschichten und Sprechen über Gefühle können dieses z. B. fördern (9, S. 46).

-Wichtig sind auch indirekte Sprachmodelle wie z. B. auch die das Kind umgebenden Medien wie das Fernsehen (33, S. 17). Diese Modelle können sich sowohl positiv, als auch negativ auf den Spracherwerb auswirken. Siehe dazu auch das eigene Kapitel zum Thema „Medien".

-Vielfältige Sprechanlässe bieten auch Puzzles: Man kann sich beim Puzzeln unterhalten, Handlungen beschreiben, Fragen stellen, kleine Suchaufträge geben oder Bild und Bildteile beschreiben. Sprachanregend sind auch so genannte Wimmelpuzzles (40, S. 17).

-Ebenso verhält es sich wie schon erwähnt mit Gesellschaftsspielen. Hier kann man Regeln erklären, beschreiben und verhandeln. Der Spaß und nicht die Sprache stehen im Vordergrund. Es geht nicht darum, Sprache zu lehren, denn wenn das Spielen Spaß macht, geschieht das Lernen von ganz alleine (ebenda). Es wird z. B. der Spielplan betrachtet, Teile des Spielmateriales benannt und ein Bezug zu dem Kind und seiner Lebenswelt hergestellt (ebenda, S. 18).

-Für den späteren Erwerb des Lesens und Schreibens ist es hilfreich, wenn das Kind schon bei den ersten Auseinandersetzungen mit Schriftsprache nicht die Buchstabennamen (z. B. „ka" für „k") sondern den entsprechenden Laut [k] erlernt (ebenda, S. 19).

Literaturquellen zu diesem Kapitel

Nummer der Quelle	Quellenangabe
1	vgl. Kügerl 2006
2	vgl. Hasselmann 1998
3	vgl. von Plüskow 2011
4	vgl. Steininger 2004
5	vgl. Brüggebors, 1987
6	vgl. Borcherding 2010
7	vgl. Fischer – Olm 2006
8	vgl. Fritzenkötter 2002
9	vgl. von Suchodoletz 2013
10	vgl. Schäfer 2007
11	vgl. Rüter 2004
12	vgl. Beushausen & Klein 2015
13	vgl. Leist – Villis 2005
14	vgl. Kauschke 2007
15	vgl. Girlich, Jurleta & Spreer 2018
16	vgl. Rodrian 2009

17	vgl. Schindler 2005
18	vgl. Möller & Spreen – Rauscher 2009
19	vgl. Grimm in: Marková, Graumann & Foppa 1995
20	vgl. Baumgartner 2008
21	vgl. Jungmann & Albers 2013
22	vgl. Mittler 2006
23	vgl. Dannenbauer in: Baumgartner & Füssenich 2002
24	vgl. Ennemoser et. al. 2013
25	vgl. Iven 2016
26	vgl. Beckerle 2017
27	vgl. Schulte – Mäter 2018
28	vgl. Bender – Körber & Hochlehnert 2006
29	vgl. Manolson, Ward & Dodington 1995
30	vgl. Buschmann 2015
31	vgl. Schellhorn 2014
32	vgl. Schmidt 2014
33	vgl. Wolf 1987
34	vgl. Guckenburg 2010
35	vgl. Harz 2012
36	vgl. Kany & Schöler in: Fox – Boyer & Ringmann 2014

37	vgl. Kruse 2013
38	vgl. Stamer 2001
39	vgl. Kauschke 2012
40	vgl. Haba 2017
41	vgl. Otto 2000
42	vgl. Wirts & Glück 2015
43	vgl. Trägerkonsortium BiSS 2017
44	vgl. Szagun 2007
45	vgl. Ritterfeld 2000
46	vgl. Dannenbauer 2001
47	https://www.stimmhaft.de/therapiefelder/kinder/myofunktionelle-stoerungen.html → Abruf am 05.09.2018)
48	vgl. Wendtland 2011
49	vgl. Ennemoser, Lehnigk, Hohmann & Pepoune in: Redder, Naumann &Tracy 2015
50	vgl. Näger 2013
51	vgl. Ronniger & Petermann 2019
52	vgl. Landesanstalt für Medien Nordrhein – Westfahlen 2015

4.Ein Blick in die Vergangenheit

Im Zuge der umfangreichen Recherche zu diesem Ratgeber stammte die älteste von mir gefundene Quelle in der Literatur aus dem Jahre 1905. Damit war sie für den fachlichen und wissenschaftlichen Gebrauch natürlich nicht zu verwenden. Auffällig sind jedoch eine Vielzahl von Feststellungen und Hinweisen, die auch im aktuellen Ratgeber angesprochen und verwendet werden. Einige besonders prägnante Punkte sollen im vorliegenden Kapitel in Form von wörtlichen Zitaten wiedergegeben werden. Die Intention hier ist jedoch nicht, die zuvor angeführte Reihe an Kapiteln mit Fachwissen und Hinweisen weiter zu ergänzen, sondern einen historischen Exkurs zu begehen.

Als Autorin ist es interessant zu sehen, dass sich einige Aspekte sehr gleichen. Doch welche Schlüsse zieht man daraus? Das sich seit 1905 kaum etwas verändert hat? Und wenn ja, aus welchen Gründen? Es ist sicher eine Vielzahl an Gedankengängen möglich, die hier nicht weiter ausgeführt werden sollen und denen sich jeder nach Belieben selbst widmen kann. Wichtig in den Vordergrund zu rücken ist mir jedoch der Aspekt, dass auch in der hier vorliegenden Literatur von 1905 die Bedeutung und die Einflussmöglichkeiten von primären Bezugspersonen auf den kindlichen Spracherwerb klar erkannt und deren Nutzung in positivem Sinne zum Wohl des Kindes unbedingt eingefordert wird. Zu beachten ist, dass diese Forderungen auf den zu damaliger Zeit gültigen Theorien und Forschungsergebnissen zum Spracherwerb basieren, weshalb sie hier auch in diesem Kapitel zum historischen Exkurs behandelt werden.

Es ist also zu berücksichtigen, dass die dargestellten Hinweise und verwendeten Begriffe auf dem wissenschaftlichen Stand der damaligen Forschung fußen und Bezeichnungen und Begriffe für

Personen und Aktivitäten im Hinblick auf ethische und sonstige Aspekte in die Entstehungszeit von 1905 einzuordnen sind. Die vorliegenden Zitate wurden außerdem wörtlich und in der damaligen Rechtschreibung übernommen.

Es folgt die angekündigte Auswahl an prägnanten, wörtlichen Zitaten:

„Eine gründliche Besserung ist eher zu erhoffen, wenn die Erwachsenen, namentlich die Eltern und alle, die es mit der Erziehung der Kleinen zu tun haben, die sprachliche Entwicklung der Kinder in ihren Hauptphasen kennen, sie mit Aufmerksamkeit begleiten und absichtlich fördern. Dieser Überzeugung verdankt das gegenwärtige Buch zunächst seinen Ursprung. " Chemnitz, Weihnachten 1904, Der Verfasser (Geleitworte)

„Für eine richtige und gesunde Sprachentwicklung des Kindes sind in erster Linie die Eltern verantwortlich. O wenn sie doch alle sich dieser Verantwortlichkeit so recht bewusst wären!" (S. 7)

„Fast alle Sprachfehler und Sprachstörungen, sofern sie nicht auf organischen Abnormitäten beruhen, lassen sich auf die ersten Jahre der Kindheit zurückführen. Wenn man nun bedenkt, welche Nachteile den Kindern gerade aus den Sprachübeln erwachsen, so muss es heilige Pflicht der Eltern sein, es auch mit der sprachlichen Erziehung recht genau zu nehmen. " (S. 7)

„Aber von der Schule allein kann nicht verlangt werden, daß sie alle im praktischen Leben wünschenswerten Fähigkeiten den Kindern beibringe. Das Haus, die Familie hat nicht nur den Grund zu legen, sie muss dann auch später noch helfen und fördern, was in ihren Kräften steht." (S. 7)

„Für das Kind ist es nun von höchster Bedeutung, daß diese Entwicklungsperiode, in der die Vorbereitung zur Eroberung seiner künftigen Welt stattfindet, auch in zweckmäßiger Weise erzieherisch beeinflusst wird." (S. 35)

„Man hüte sich also, sprachlich an das Kind Forderungen zu stellen, die es infolge seiner leiblichen und geistigen Unreife nicht voll und ganz erfüllen kann." (S. 39)

„Nun ist es eine beklagenswerte Tatsache, daß dieses Übel noch dadurch vermehrt wird, dass dem Nachahmungstriebe des Kindes von den Eltern, Dienstboten und älteren Geschwistern, kurz von der gesamten Umgebung, oft genug falsch oder schlecht gesprochene Laute und Worte zum Nachsprechen geboten werden." (S. 50)

„Außerdem wird das Kind – sobald es nötig ist – durch das Erläutern und Verbessern der Personen, die mit ihm verkehren, veranlasst, an seinen Wortbedeutungen auszuscheiden, was dem Wortsinn der Erwachsenen zuwiderläuft. So kommt es, daß das Kind die Kenntnisse und den Verstand annimmt, der in seiner Umgebung herrscht. (S. 57)

„Nicht alle Eltern wollen und können ihre Kinder in Kindergärten schicken, aber daheim können und sollen sie gleiche Ziele erstreben und erreichen." (S. 61)

„[..] an das Kind nicht zu hohe Anforderungen stellen; er wird helfen und fördern, so oft sich Gelegenheit bietet und soviel in seinen Kräften steht; er wird die kindliche Auffassung der Worte nicht gering achten oder ins Lächerliche ziehen. Wie schnell ist dem Kinde Mut und Selbstvertrauen genommen." (S. 62)

„Energie der Lippen und Schärfung der Gehörempfindlichkeit muß durch gutes Vorbild und unnachsichtliche Korrektur erreicht werden." (S. 70)

„Am Anfang des zweiten Lebensjahres beginnt in der Regel die Nachahmung gehörter Worte, und von da kann dann die menschliche Umgebung in gewaltiger Weise fördernd und umgestaltend in die Sprachentwicklung des Kindes eingreifen." (S. 87)

„Diese einfache und sehr naheliegende Art der Bezeichnung heißt anomatopoetisch (= lautnachahmend) [(„Wau wau")]. [...] solche Worte sind charakteristische Merkmale der Kindersprache, und es läßt sich nichts dagegen einwenden, daß dem Kinde gegenüber solche Ausdrücke gebraucht werden, aber verkehrt wäre es, wenn man an diesen Bezeichnungen festhalten oder diese bloß gebrauchen wollte, um etwa im Bilderbuch zu erklären: „Das ist eine Muh." Das Kind muss auch die richtige Benennung kennen lernen und merken. Jenes „Wauwau" oder „Muh" mag anfangs zur Vermittlung des

Verständnisses dienen, namentlich wenn das Kind den Hund wirklich bellen, die Kuh brüllen hört; aber später sollten mit der Zunahme des Wortschatzes solche Bezeichnungen vermieden werden." (S. 93 + 94).

„Wie verhalten sich die Erwachsenen den sprechenlernenden Kindern gegenüber? Ganz verkehrt ist es, wenn Erwachsene die falsche, verstümmelte Sprache des Kindes diesem gegenüber gebrauchen, es etwa rufen: „Tomm Tind." [...] Die Kinder verstehen das nicht etwa leichter als die richtig gesprochenen Worte. Sie nehmen die richtigen Wortbilder auf, können nur selbst diese nicht völlig wiedergeben; sie bemühen sich aber, das Richtige zu erreichen, und sie erreichen es mit der Zeit auch. Wird ihnen aber etwas Verstümmeltes vorgesprochen, so kann sich das richtige Wortbild nicht einprägen, und das Kind wird auch nicht angeregt, das Richtige zu treffen. Schließlich müssen die Kinder mit vieler Mühe umlernen, während sie sonst von Anfang an das Richtige wenigstens „im Kopfe haben" und diesem nachstreben. Wenn dem Kinde das Richtige nicht gleich gelingt, so darf man es darum nicht gleich „verdummen". O, es gibt viele Erwachsene, die einem solchen Kinde zurufen: „Du bist recht dumm." [...]." (S. 105)

„Das richtige und gute Sprechen kann mit dem Kinde in verschiedener Weise geübt werden. Kleine Sprüche werden korrekt vorgesprochen und dann vom Kinde nachgesagt. Einfache Geschichten werden vorerzählt, und das Kind versucht gar bald die Nacherzählung. Liedchen werden nicht bloß gesprochen, sondern auch gesungen. [...] Die Zunge ist das Hauptorgan der Lautartikulation. Sowohl Phonetiker als auch Pädagogen raten, Zungenübungen anstellen zu lassen. [...] Dann kommt noch das Bilderbuch dazu, vor dem das Kind mitbeschreibt und miterzählt.

Alles das fördert das Sprechen; aber nicht bloß die Sprache, auch das Verständnis wird zunehmen. [...] (S. 105 + 106)

„Gehemmt wird der Fortschritt, wenn die Eltern im Gespräche mit dem Kinde sich dessen Bildungen bedienen, beschleunigt, wenn sie beständig korrigieren und es zum Gebrauche der richtigen Formen anhalten." (S, 108)

„Wie steht es, wenn Erzieher einem Kinde Unwahrheiten und Märchen für Tatsachen einprägen?" (S. 115)

„Obwohl mit dem Erreichen dieser Stufe ein gewisser Abschluss der Entwicklung eingetreten ist, so ist doch von hier bis zur vollständigen Ausbildung der Sprache noch ein unendlich langer Weg, und wir können wohl sagen, dass die vollständige Entwicklung der Sprache im Leben des Menschen überhaupt nicht ganz abgeschlossen wird." (S. 115)

„Die Eltern sind mit Schuld an diesen Sprechfehlern des Kindes, wenn sie die Wortumgestaltungen der kindlichen Sprache, die „niedliche Sprache", nicht verbessern oder gar mitsprechen. Ihre Pflicht ist, diese Periode des physiologischen Stammelns möglichst abzukürzen, indem sie mit dem Kinde in einer lautreinen Sprache sprechen." (S. 121)

„Was wären wir Menschen ohne die Sprache? Ist der nicht unglücklich zu nennen, der sie entbehrt? Und doch – wie wenige schätzen den Wert dieses Kleinods richtig ein? Es hat einmal

jemand behauptet: „Die Deutschen haben die besten Schulen und doch reden sie die eigene Sprache am schlechtesten." Eine harte Anklage! Unsere Aufgabe ist daher eine nationale, und es ist an der Zeit, dass wir die gesprochene Sprache wieder achten lernen." (S. 127)

„Die Tätigkeit der Familie auf diesem Gebiete ist von höchster Bedeutung, denn sie schafft die Grundlage zur späteren Sprache. Aufgabe der Familienerziehung ist es den Kindern in der Zeit der Sprachentwicklung – gesunde Organe vorausgesetzt – zu einer durchaus richtigen Aussprache zu verhelfen; dabei ist aber auch das Anwachsen des Wortschatzes so wie die Richtigkeit der Flexion und der Wortbildung mit Interesse zu überwachen. [...] ein künstlich entworfener Plan ist weder nötig, noch ausführbar; gelegentliche, aber konsequent durchgeführte Einwirkungen reichen hin. Was nun im Sprechen auf die Kinder am meißten wirkt, ist nicht Lehre und Befehl, sondern Vorbild und Beispiel." (S. 128 + 129)

Zitate aus:

„Das Sprechenlernen unserer Kinder" – Nach seiner Entwicklung dargestellt und mit pädagogischen Winken und Ratschlägen. Eltern, Lehrern, Kindergärtnerinnen und überhaupt allen, die es mit der Erziehung der Kleinen zu tun haben, gewidmet von E. Schädel, Verlag Friedrich Brandstetter, Leipzig, 1905

5.Nachwort

Nach etwa vier Jahren der Arbeit mit einigen Ruhephasen steht an dieser Stelle nun das Schreiben des Schlussteiles meines Buches.

Begonnen hat dessen Geschichte mit einer aus meiner beruflichen Praxis entstandenen Idee zum Thema für eine Doktorarbeit. Ziel war schon damals nicht in erster Linie das Erlangen dieses besonderen akademischen Titels, sondern das Erarbeiten einer Hilfe für Bezugspersonen mit Kindern im Erstspracherwerb. Dabei besonders war die primär – präventive Sichtweise im Kontrast zu großen Teilen herkömmlicher Ratgeberliteratur, welche häufig erst bei bereits vorhandenen Auffälligkeiten ansetzt.

Verschiedenste Gründe führten schließlich zum Beenden des im Laufe der Zeit festgefahrenen Projektes der Dissertation und ließen mich mit neuer Energie und dem neuen Ziel weiterarbeiten, meine Idee nun in Form eines Ratgebers umzusetzen.

Dadurch entstanden neue zu bewältigende Aufgaben, wie zum Beispiel bereits für die Dissertation geschriebene fachwissenschaftliche Textteile der neuen Zielgruppe anzupassen und sie für möglichst große Teile des Kreises der primären Bezugspersonen verständlich zu machen. Hier stellte sich während des Schreibprozesses und auch an dessen Ende die Frage, ob mit meinem Ratgeber dieses gesteckte Ziel tatsächlich erreicht werden kann. Wie auch in anderen pädagogischen Bereichen wird es bedauerlicherweise wohl realistisch gesehen nicht möglich sein, alle gewünschten Personen mit entsprechendem Bedarf „mitzunehmen". Dieses geschieht aus sehr unterschiedlichen Gründen, wie zum Beispiel möglicherweise fehlendem Interesse oder auch zum Teil trotz aller Mühen des verständlichen Formulierens und Erklärens ausbleibender Verständlichkeit der Inhalte für die betreffenden

Personen. Aus diesem Grunde möchte ich an dieser Stelle erneut dazu ermuntern, dieses Buch flexibel und offen für sich zu nutzen und sich auf die Teilbereiche zu konzentrieren, die einem und dem anvertrauten Kind in der jeweils aktuellen Situation Nutzen bringen können.

Darüber hinaus wird ein Ratgeberbuch – in welcher Form es auch immer ausgearbeitet ist – für viele Menschen nie eine persönliche Begleitung ersetzen können, bei der Tipps, Hinweise und Erklärungen z.B. direkt am Kind gezeigt und so besonders anschaulich vermittelt werden können.

Auch der lange und recht wissenschaftlich anmutende Titel meines Ratgebers sollte nicht abschreckend wirken- die Idee dahinter ist, das Buch bei der Suche sowohl nach einfachen als auch nach fachwissenschaftlichen Begriffen gut auffindbar zu machen.

Zur Erleichterung des Verständnisses wurden- wenn auch nicht zu jedem Aspekt, konkrete Beispiele angeführt. Um den Ratgeber jedoch auch in einem gewissen Rahmen zu halten, wurde auf für ratgebende Literatur sonst häufig typische zusammenfassende Merkkästen am Ende jedes Kapitels sowie auf eine Sammlung konkreter sprachfördernder Spielanleitungen verzichtet.

Ohne dieses in welcher Form auch immer kopieren zu wollen, war mir besonders das Buch „You Make The Difference In Helping Your Child Learn" von Manolson, Ward und Dodington (siehe Literaturverzeichnis) ein großes Vorbild bei der Erstellung meines eigenen Ratgebers. Dieses Buch verfolgt ein sehr ähnliches Ziel und setzt dieses sehr gut erklärt in Konzept, Text und ganz besonders in verständlichen Illustrationen um!

Es ist einerseits entspannend, dieses lange Projekt nun beendet und das Gefühl zu haben, es guten Gewissens in die Veröffentlichung geben zu können. Andererseits ist die Veröffentlichung in

Vorbereitung und Umsetzung die wohl spannendste Phase. Nach diesem entscheidenden Schritt bin ich dann gespannt und freue mich sehr darauf, die Arbeit an meinem Schreibprojekt abgeschlossen und vielleicht das Glück zu haben, es an einigen Stellen persönlich vorstellen zu dürfen. Gerne möchte ich auch seinen weiteren Weg in Form der Praxis und mit seinen Lesern verfolgen und begleiten.

6.Literaturverzeichnis

Aki, K.: Theorien des Erstspracherwerbs, Studienarbeit, GRIN – Verlag, München & Ravensburg, 2005

Baumgartner, S.: Kindersprachtherapie – eine integrative Grundlegung, reinhardt, München, 2008

Beci, V.: Das Praxisbuch zur Alltagsintegrierten Sprachbildung, ökotopia Verlag, Aachen, 2019

Beckerle, C.: Alltagsintegrierte Sprachförderung im Kindergarten und in der Grundschule: Evaluation des „Fellbach – Konzepts", Beltz (Juventa), Weinheim & Basel, 2017

Bender – Körber, B. & Hochlehnert, H.: Elternzentriertes Konzept zur Förderung des Spracherwerbs, Borgmann, Dortmund, 2006

Bengel, J., Strittmatter R. & Willmann, H.: Was erhält Menschen gesund? Antonovskys Modell der Salutogenese – Diskussionsstand und Stellenwert, erweiterte Neuauflage 2009, Bundeszentrale für gesundheitliche Aufklärung, Köln, 2001

Beushausen, U. & Klein, S.: Sprachförderung – Ein Ratgeber für Eltern, 3. Auflage, Schulz – Kirchner – Verlag, Idstein, 2015

Borcherding, M.: Auf ins Abenteuer Sprache! Sprachförderspiele für Vorschulkinder, mobile / Verlag Herder, Freiburg im Breisgau, 2010

Bruner, J.: Wie das Kind sprechen lernt, Verlag Hans Huber, Bern, 2002

Brüggebors, G.: So spricht mein Kind richtig – Entwicklungen und Störungen beim Sprechenlernen. Wie Eltern und Erzieher helfen können, rororo / Rowohlt, Reinbek bei Hamburg, 1987

Buschmann, A.: Gezielte Anleitung von Bezugspersonen zu sprachförderlichen Alltagsinteraktionen. In: Sachse, S., Ringmann, S. & Siegmüller, J.: Handbuch Spracherwerb und Sprachentwicklungsstörungen – Kleinkindphase, Urban & Fischer, München, 2015, S. 185 - 203

Dannenbauer, F. M.: „Chancen der Frühintervention bei spezifischer Sprachentwicklungsstörung", In: Die Sprachheilarbeit, Jahrgang 46 (3), Juni 2001, Deutsche Gesellschaft für Sprachheilpädagogik e.V., Berlin, S. 103 - 111

Dannenbauer, F. M.: „Grammatik" In: Baumgartner, S. & Füssenich, I. (Hrsg.): Sprachtherapie mit Kindern – Grundlagen und Verfahren, Reinhardt, München, 2002, S. 105 – 161

Dittmann, J.: Der Spracherwerb des Kindes - Verlauf und Störungen, Verlag C. H. Beck Wissen, München, 2010

Ennemoser, M., Kuhl, J. & Pepouna, S.: „Evaluation des Dialogischen Lesens zur Sprachförderung bei Kindern mit Migrationshintergrund", In: Zeitschrift für Pädagogische Psychologie, 27 (4), Hogrefe, Bern, 2013, S. 229 - 239

Ennemoser, M., Lehnigk, M., Hohmann, E. & Pepouna, S.: „Wirksamkeit eines Coachings für pädagogische Fachkräfte zur Optimierung der Förderpotenziale des Dialogischen Lesens" In: Redder, A., Naumann, J. & Tracy, R. (Hrsg.): Forschungsinitiative Sprachdiagnostik und Sprachförderung – Ergebnisse, waxmann, Münster, 2015, S. 137 – 153

Fischer – Olm, A.: „… und dann hat die Erzieherin zu mir gesagt" – Wie Eltern die Sprachentwicklung ihres Kindes unterstützen können, Borgmann (Media), Dortmund, 2006

Fritzenkötter, M.: 55 Tipps … wie Ihr Kind richtig sprechen lernt – Praktische Hilfen – schnell und kompetent, Christophorus – Verlag GmbH, Freiburg im Breisgau, 2002

Girlich, S., Jurleta, R. & Spreer, M.: Sprachliche Bildung und Sprachförderung in der KiTa, dgs – Deutsche Gesellschaft für Sprachheilpädagogik e.V. unterstützt durch: Lakos – Landeskompetenzzentrum zur Sprachförderung an Kindertageseinrichtungen in Sachsen, Leipzig, 2018

Görisch, O.: KurzCheck sprachliche Entwicklung von Kindern, Handwerk und Technik, Hamburg, 2015

Grimm, H.: „Entwicklungskritische Dialogmerkmale in Mutter – Kind – Dyaden mit sprachgestörten und sprachunauffälligen Kindern", In: Zeitschrift für Entwicklungspsychologie und pädagogische Psychologie, Heft 1, 1994, Hogrefe, Bern, 1994, S. 35 - 52

Grimm, H.: „Mother – child dialoguel: A comparison of preschool children with and without specific language impairment", In: Marková, I., Graumann, C. & Foppa, K.: Mutualities in Dialogue, Cambridge University Press, Cambridge, 1995, S. 217 – 237

Grimm, H.: Störungen der Sprachentwicklung: Grundlagen, Ursachen, Diagnose, Intervention, Prävention, 2. überarbeitete Auflage, Hogrefe, Göttingen, 2003

Guckenburg, S.: Kindlicher deutscher Grammatikerwerb, Studienarbeit, GRIN – Verlag, München & Ravensburg, 2010

Haba: Spielerische Sprachförderung – Jeden Tag und überall, Broschüre, Habermas GmbH, Bad Rodach, 2017

Hachul, C.: „Frühe Auffälligkeiten in der Sprachentwicklung", In: Sachse, S., Ringmann, S. & Siegmüller, J.: Handbuch Spracherwerb und Sprachentwicklungsstörungen – Kleinkindphase, Urban & Fischer, München, 2015, S. 81 - 94

Hansen, D.: Spracherwerb und Dysgrammatismus, Verlag Ernst Reinhardt, UTB für Wissenschaft, München, 2003

Harz, G.: Seminarunterlage IQSH 14, Ausbildungsveranstaltung in der Fachrichtung Sprachheilpädagogik, Block: Sprachheilpädagogik und Unterrichtsformen, Materialien zum Baustein 10, Methodenrepertoire, Kronshagen, April 2012

Hasselmann, M.: Damit ich besser sprechen kann – Wie Eltern Kinder fördern können, Christophorus – Verlag GmbH, Freiburg im Breisgau, 1998

Iven, C.: Sprache in der Sozialpädagogik, 4. Auflage, Bildungsverlag EINS, Köln, 2016

Jungmann, T. & Albers, T.: Frühe sprachliche Bildung und Förderung, reinhardt, München, 2013

Kaletsch, S.: „Spracherwerb im Kleinkindalter", In: Kaletsch, S., Zelonczewski, J. & Liebhart, Y.: Kinder lernen sprechen – Theorien des Spracherwerbs, Science Factory, Imprint der GRIN – Verlags GmbH, München & Ravensburg, 2013, S. 7 – 42

Kany, W. & Scheib, K.: „Mütterliche Vorstellungen zum Spracherwerb von Kindern – eine Erkundungsstudie", In: L.O.G.O.S. interdisziplinär, Jahrgang 8, Ausgabe 1, Prolog, Köln, 2000, S. 4 – 16

Kany, W. & Schöler, H.: „Ursachen einer spezifischen Sprachentwicklungsstörung", In: Fox – Boyer, A. & Ringmann, S.: Handbuch Spracherwerb und Sprachentwicklungsstörungen – Kindergartenphase, Urban & Fischer, München, 2014

Kauschke, C.: „Sprache im Spannungsfeld von Erbe und Umwelt",
In: Die Sprachheilarbeit, Jahrgang 52 (1), Februar 2007, dgs -
Deutsche Gesellschaft für Sprachheilpädagogik e.V., Berlin, S. 4 -
16

Kauschke, C.: Kindlicher Spracherwerb im Deutschen, Verläufe,
Forschungsmethoden, Erklärungsansätze, Germanistische
Arbeitshefte, DeGruyter, Berlin / Boston, 2012

Kemp, R. & Beredel, U.: „Morphohlogisch – syntaktische
Basisqualifikation", In: Bundesministerium für Bildung und
Forschung, Referat Bildungsforschung (Hrsg.): Referenzrahmen zur
altersspezifischen Sprachaneignung – Forschungsgrundlagen –
Bildungsforschung, Band 29 / II, Bonn & Berlin, 2008, S. 77 - 102

Klann – Delius, G.: Spracherwerb - Eine Einführung, Lehrbuch, 3.
Auflage, J. B. Metzler Verlag GmbH, Stuttgart, 2016

Kruse, S.: Kindlicher Grammatikerwerb und Dysgrammatismus,
Haupt, Bern, 2013

Kügerl, C.: So lernt mein Kind sich auszudrücken, Herder
(spektrum), Freiburg im Breisgau, 2006

Landesanstalt für Medien Nordrhein – Westfahlen: Kinder,
Medien, Sprache – Medienpädagogische Aktivitäten zur
Sprachbildung für Eltern mit ihren Vorschulkindern, Landesanstalt
für Medien Nordrhein – Westfahlen (LfM), Düsseldorf, 2015

Leist – Villis, A.: „Ich bin gestern in den Zoo gegeht!", In:
Sozialextra, Ausgabe Juni 2005, Springer VS , Wiesbaden, 2005, S.
31 – 34

Liebhart, Y.: „Relevanz von Kommunikation und Gedankenlesen für den L1 Spracherwerb bei Kindern", In: Kaletsch, S., Zelonczewski, J. & Liebhart, Y.: Kinder lernen sprechen – Theorien des Spracherwerbs, Science Factory, Imprint der GRIN – Verlags GmbH, München & Ravensburg, 2013, S. 103 - 126

Manolson, A., Ward, B. & Dodington, N.: You Make The Difference In Helping Your Child Learn, Hanen Early Language Program, The Hanen Centre, Toronto, Canada, 1995

Messer, D.: „Current Perspectives on language acquisition", In: Peccei, J. S.: Child language. A resource book for students, Taylor and Francis Group, London and New York, 2006, S. 110 – 118

Meyer, S., Jungheim, M. & Ptok, M.: „Kindgerichtete Sprache – Für den Spracherwerb wirklich nützlich?", In: HNO 2011, Springer – Verlag, Berlin & Heidelberg, 2011, S. 1129 - 1134

Mittler, T.: Sprach- und beziehungsförderliche Elternkompetenzen bei sprachauffälligen Kindern im Kontext einer stationären Sprachheilmaßnahme und ihre Zusammenhänge mit Wohlbefinden, Selbstzugang, Selbstkomplexität und Kohärenzgefühl, Verlag Dr. Kovac, Hamburg, 2006

Miller, S., Jungheim, M. & Ptok, M.: „Erstspracherwerbsforschung und Spracherwerbstheorien", In: HNO 4 / 2014, Springer Verlag, Berlin, 2014, S. 242 – 248

Motsch, H. J.: Kontextoptimierung – Evidenzbasierte Intervention bei grammatischen Störungen in Therapie und Unterricht, 3. Auflage, Verlag Ernst Reinhardt, München, 2010

Möller, D. & Spreen – Rauscher, M.: „Frühe Sprachintervention mit Eltern – Schritte in den Dialog", In: Springer, L. & Schrey – Dern, D. (Hrsg.), Forum Logopädie, Thieme, Stuttgart, 2009

Näger, S.: Literacy. Kinder entdecken Buch-, Erzähl- und Schriftkultur, Herder, Fachwissen KiTa, Freiburg im Breisgau, 2013

Otto, K.: „Pragmatische Erfahrungen mit der Elternpartizipation", In: L.O.G.O.S. interdisziplinär, Jahrgang 8, Ausgabe 4, Prolog, Köln, 2000, S. 258 - 270

Pollert, J.: Welche Konsequenzen ergeben sich aus den neuesten Befunden der Hirnforschung für den Umgang mit dem „kindlichen Dysgrammatismus"? , Studienarbeit, GRIN – Verlag, München & Ravensburg, 2013 (kindle – Edition)

Ritterfeld, U.: „Zur Prävention bei Verdacht auf eine Spracherwerbsstörung: Argumente für eine gezielte Interaktionsschulung der Eltern", In: Frühförderung interdisziplinär, 19. Jahrgang, Ernst Reinhardt Verlag, München & Basel, 2000, S. 80 - 87

Rodrian, B.: Elterntraining Sprachförderung – Handreichung für Lehrer, Erzieher und Sprachtherapeuten, reinhardt, München, 2009

Ronniger, P. & Petermann, F.: „Wie beeinflusst der Medienkonsum die Sprachentwicklung?" In: Praxis Sprache, Ausgabe 3 / 2019, dgs - Deutsche Gesellschaft für Sprachheilpädagogik e.V., Berlin, 2019, S. 148 - 152

Rüter, M.: „Die Rolle der Elternsprache im frühen Spracherwerb", In: Sprache, Stimme, Gehör, Thieme, Stuttgart, 2004, S. 29 – 36

Sachse, S.: „Vorwort", In: Sachse, S., Ringmann, S. & Siegmüller, J.: Handbuch Spracherwerb und Sprachentwicklungsstörungen – Kleinkindphase, Urban & Fischer, München, 2015

Schädel, E.: Das Sprechenlernen unserer Kinder- Nach seiner Entwicklung dargestellt und mit pädagogischen Winken und Ratschlägen. Eltern, Lehrern, Kindergärtnerinnen und überhaupt allen, die es mit der Erziehung der Kleinen zu tun haben, gewidmet. Verlag Friedrich Brandstetter, Leipzig, 1905

Schäfer, C.: Hilfe, mein Kind spricht nicht richtig! Sprachförderung in der Familie, dtv, München, 2007

Schellhorn, H.: Interaktionismus. Die Bedeutung von Input und Output für den Spracherwerb, Studienarbeit, GRIN – Verlag, München & Ravensburg, 2014

Schindler, A.: Förderung des Spracherwerbs, Herausgeber: dgs – Deutsche Gesellschaft für Sprachheilpädagogik e.V. , 4. Auflage, Seltmann, Lüdenscheidt, 2005

Schmidt, M.: Kontextoptimierung für Kinder von 3 – 6 Jahren (85 Praxiseinheiten für die Förderung grammatischer Fähigkeiten), 2. Auflage, Ernst Reinhardt Verlag, München, 2014

Schulte – Mäter, A.: VED – Verbale Entwicklungsdyspraxie – wenn Kinder nicht oder kaum verständlich sprechen; Ein Ratgeber für Eltern, Therapeuten und Ärzte, 2. Auflage, Schulz – Kirchner – Verlag, Idstein, 2018

Siegert, S. & Ritterfeld, U.: „Die Bedeutung naiver Sprachlehrstrategien in Erwachsenen – Kind – Dyaden", In: L.O.G.O.S. interdisziplinär, Jahrgang 8, Ausgabe 1, Prolog, Köln, 2000, S. 37 - 43

Stamer, I.: Dysgrammatismus – Erscheinungsbild, Ursachen, Diagnose, Therapie (Hausarbeit), GRIN – Verlag für akademische Texte, München & Ravensburg, 2001

Steininger, R.: Wie Kinder richtig sprechen lernen – ein Wegweiser für Eltern, Klett – Cotta, Stuttgart, 2004

Szagun, G.: Das Wunder des Spracherwerbs – So lernt Ihr Kind sprechen, Beltz, Weinheim & Basel, 2007

Szagun, G.: Sprachentwicklung beim Kind- ein Lehrbuch, Beltz, Weinheim & Basel, 2013

Trägerkonsortium BiSS: „Komm, wir erzählen uns eine Geschichte!" Dialogisches Lesen in Kindertagesstätten, Bundesministerium für Bildung und Forschung & Bundesministerium für Familie, Senioren, Frauen und Jugend & Kultusministerkonferenz & Jugend- und Familienministerkonferenz der Länder, Herausgeber: Trägerkonsortium BiSS, Mercator – Institut für Sprachförderung und Deutsch als Zweitsprache, Köln, 2017

von Plüskow, A.: Sprachförderung für den Alltag Zuhause – Hintergrundwissen und Tipps für Eltern von Kindergarten- und Grundschulkindern, Westermann, Braunschweig, 2011

von Suchodoletz, W.: Ratgeber Sprech- und Sprachstörungen – Informationen für Betroffene, Eltern, Lehrer und Erzieher, Hogrefe, Göttingen, 2013

Wendtland, W.: Sprachstörungen im Kindesalter, Forum Logopädie, 6. aktualisierte Auflage, Thieme, Stuttgart, 2011

Wirts, C. & Glück, C.: „Eltern – Kind – Interaktionen. Welchen Einfluss haben sie auf die Sprachentwicklung von Late Talkers und sprachlich unauffälligen Kindern?", In: Forschung Sprache, Ausgabe 1 / 2015, dgs - Deutsche Gesellschaft für Sprachheilpädagogik, Berlin, 2015, S. 19 – 30

Wolf, B.: „Theoretischer Gesamtrahmen", In: Wolf, B.: Zuwendung und Anregung, Lernumweltforschung im Elternhaus und Kindergarten, Deutscher Studien Verlag, Weinheim, 1987

Internetquelle und Dokumente:

Jahn, T.: „Die kindliche Sprachentwicklung von der U3 bis zur U9", In: Deutscher Bundesverband für Logopädie e.V., (www.dbl-ev.de), PDF - Download am 16.10.2016

https://www.stimmhaft.de/therapiefelder/kinder/myofunktionelle-stoerungen.html (Abruf am 09.09.2018)